D. Benjamin Alt und Markus Sobau

Kompetenz für Therapeuten

verlag mainz

D. BENJAMIN ALT UND MARKUS SOBAU

KOMPETENZ FÜR THERAPEUTEN

AKTUELLE UND WICHTIGE THEMEN FÜR THERAPEUTINNEN UND THERAPEUTEN

Impressum

1. Auflage 2022

Printed in Germany

Verlag Mainz
Süsterfeldstraße 83
52072 Aachen
www.verlag-mainz.de

Gestaltung, Druck und Vertrieb:
Druck & Verlagshaus Mainz
Süsterfeldstraße 83
52072 Aachen
www.verlag-mainz.de

Umschlaggestaltung:
Yessin Saad

Abbildungsnachweis:
© SHOTPRIME STUDIO – stock.adobe.com

ISBN-10: 3-86317-061-X
ISBN-13: 978-3-86317-061-5

Inhaltsverzeichnis

Über die Autoren

Rechtsanwalt D. Benjamin Alt ist als selbstständiger Rechtsanwalt tätig. Seit einigen Jahren führt er die Rechtsanwaltskanzlei Alt & Partner mit Sitz in Aachen, welche sich darauf spezialisiert hat bundesweit Therapeuten, Ärzte und Patienten zu beraten und vertreten. Dabei liegt der Fokus auf der Beratung von Heilmittelerbringern.

Mit seinem Kanzleiteam versucht er stets eine bestmögliche Betreuung der Mandanten im gesamten Bundesgebiet zu ermöglichen und seine Erfahrung in diesem Bereich effektiv für die Mandanten einzusetzen. Dabei ist er noch als Justiziar mehrerer Berufsverbände aus verschiedensten Heilmittelbereichen aktiv und unterstützt mit seinem Fachwissen ebenso mehrere Heilpraktikerverbände. Für eine Vielzahl von Fortbildungsanbietern gibt er Unterrichte, und er verfügt über einen Lehrauftrag an mehreren Universitäten. Insbesondere mit einer modernen Mandatsabwicklung unter Einbeziehung modernster Techniken hat sich Rechtsanwalt Alt in der Gesundheitsbranche einen guten Ruf erarbeitet und setzt sich tagtäglich für Therapeuten aber auch Patienten ein.

Der Co-Autor Markus Sobau ist Finanzwirt (FH) und zertifizierter Fachberater Heilwesen (IHK) und TÜV-geprüfter Vorsorge-Experte. Er ist zudem Geschäftsführer mehrerer Beratungsunternehmen, welche den Schwerpunkt auf die Beratung im Gesundheitswesen legen. Mitunter ist er mehrfacher Buchautor und Mitglied des Bundesverbands der Sachverständigen für Versicherungen. Seit Jahren setzt er sich insbesondere für Therapeuten ein.

Vorwort

Seit vielen Jahren betreuen die Autoren dieses kompakten Ratgebers Angehörige der Gesundheitsberufe. Dabei tritt immer wieder zu Tage, dass viele in diesem Bereich zwar über hervorragende Kenntnisse im medizinischen Bereich verfügen, darüber hinaus Wissen allerdings oftmals fehlt, obwohl dieses von großer Bedeutung ist, um dauerhaft erfolgreich zu sein und rechtliche Probleme zu verhindern.

Da Markus Sobau bereits vor dem Jahre 2020 regelmäßig im gesamten Bundesgebiet Vortragsveranstaltungen für Therapeuten organisierte, plante er dies auch wieder ab dem Jahre 2020. Um hier noch mehr Kompetenz in die von ihm organisierten Veranstaltungen zu bringen, wandte er sich an D. Benjamin Alt, welcher in der Branche für seine große Expertise im rechtlichen Bereich bekannt ist und welcher ohnehin jährlich eine Vielzahl von Vorträgen hält. Beide wurden sich einig darüber, dass eine Zusammenarbeit stattfinden soll, um Therapeutinnen und Therapeuten die aktuell wichtigsten Themen außerhalb der Therapie näherzubringen. So wurde kurzerhand ein erster Vortragsabend in Düsseldorf für den Beginn des Jahre 2020 organisiert, bei welchem die Resonanz so enorm war, dass anschließend eine ganze Vortragstour organisiert wurde.

Trotz der coronabedingten Einschränkungen konnten dann in den Jahren 2020 und 2021 eine Vielzahl von Veranstaltungen in ganz unterschiedlichen Regionen des Landes stattfinden, bei welchen allein in diesen beiden Jahren annähernd 5000 Angehörige der Gesundheitsberufe erreicht werden konnten. Nach zwei überaus erfolgreichen Jahren wurde dann das Konzept noch einmal verbessert, so dass die Kompetenz Tour 2022 entstand, welche zu Beginn des Jahres 2022 Fahrt aufnahm und für große Begeisterung bei den Teilnehmern sorgte. So stand die Kompetenztour 2022 unter dem Titel »Die aktuell 5 wichtigsten Haftungsfallen in der Nach-Corona-Zeit und wie man ihnen entgeht«.

Da allerdings viele Angehörige der Gesundheitsberufe noch Bedenken hatten an größeren Veranstaltungen teilzunehmen und manche Teilnehmer der Veranstaltung einfach gerne das Gehörte noch einmal nachlesen wollen, entstand die Idee dazu, zur Kompetenz Tour auch einen passenden Ratgeber zu veröffentlichen, welcher mit diesem Buch nun vorliegt. Darin werden alle Themen angesprochen und erläutert, welche in der Kompetenz Tour 2022 aufgegriffen wurden und werden.

Das Buch eignet sich insbesondere für Selbstständige, jedoch finden auch Angestellte eine Vielzahl von Informationen, welche von großer Relevanz sind. Die verschiedenen Themenbereiche decken jedenfalls ein großes Spektrum an interessanten Informationen ab, über welche vor allem Therapeutinnen und Therapeuten Bescheid wissen sollten.

Die Autoren freuen sich, wenn durch dieses Buch so manche rechtliche Problematik gelöst werden kann oder dazu beigetragen werden kann, dass eine solche gar nicht erst entsteht. Sofern Sie an noch keinem Termin der Kompetenz Tour teilgenommen haben, können Sie sich über künftige Termine stets unter

www.KompetenzTour.de

erkundigen und sich anmelden. Die Autoren würden sich freuen, auch Sie persönlich kennen zu lernen und dafür zu sorgen, dass in so manches Fettnäpfchen des Praxisalltags nicht hineingetappt wird.

Letztlich darf noch darauf hingewiesen werden, dass größtes Augenmerk darauf gelegt wurde, dass die Inhalte dieses Buchs auch für Nicht-Juristen verständlich sind und kurzfristig umgesetzt werden können.

1. Kapitel - Gefahren durch falsche Abrechnung

Zu Beginn dieses Buchs geht es zunächst um ein sehr relevantes, aber oft totgeschwiegenes Thema, nämlich um das Thema des Abrechnungsbetrugs.

I. Immer mehr Fälle

In den letzten Jahren ist ein deutlicher Trend zu erkennen: Absetzungen, Regresse und Strafverfahren häufen sich bzw. kommen immer häufiger vor.

Mit Absetzung ist gemeint, dass eine Krankenversicherung eine Zahlung nicht leistet. Unter Regress versteht man, wenn nachträglich Krankenversicherungen Rückforderungen geltend machen und ein Strafverfahren zeichnet sich dadurch aus, dass die Staatsanwaltschaft, meist unter Zuhilfenahme der Kriminalpolizei, Ermittlungen aufgenommen hat.

So sind einfache Absetzungen den meisten Praxen mit Kassenzulassung durchaus bekannt. Regresse jedoch sind vielen eher unbekannt bzw. gab es damit noch keine Berührungen. Die letzte Stufe des Strafverfahrens haben derweilen nur wenige therapeutische Praxen erlebt. Dabei ist allerdings auch festzustellen, dass Therapeuten sich über das Thema der Absetzungen üblicherweise recht rege unterhalten, naturgemäß allerdings ein sehr geringer Austausch erfolgt über Regresse und Strafverfahren, weil diese meistens erhebliche Konsequenzen für die Praxisinhaber mit sich bringen und dies letztlich dazu führt, dass man darüber eher ungern redet. Mitunter werden die wenigsten Regresse oder Strafverfahren eingeleitet, ohne dass die Praxis tatsächlich etwas falsch abgerechnet hat. Somit wird dieser Bereich in der Therapeutenschaft lieber tot geschwiegen, obwohl gar nicht so wenige Praxen sich bereits mit Regressen oder Strafverfahren auseinandersetzen mussten. Somit sollen auch die Schilderungen im Folgenden dazu dienen, Aufklärung zu schaffen und insbesondere dafür zu sorgen, dass sich jeder unter den Gefahren durch falsche Abrechnung etwas vorstellen kann, um es im besten Fall dazu erst gar nicht kommen zu lassen.

Es ist fraglich, ob die Anzahl der steigenden Absetzungen, Regressverfahren oder Strafverfahren tatsächlich in Korrelation zu den tatsächlichen Fehlverhaltensweisen steht. Damit ist eher nicht zu rechnen. Vielmehr ist davon auszugehen, dass die Dunkelziffer der Falschabrechnungen immer weiter aufgehellt wird. So wird die Anzahl an fehlerhaften Abrechnungen vermutlich in der Vergangenheit höher gewesen sein, nur haben viele Krankenversicherungen gar nicht so genau hingesehen und somit kam auch wenig zu Tage. Heutzutage haben jedoch viele Stellen gemerkt, dass es sich lohnt genauer hinzusehen, weil dies teils zu ganz erheblichen Rückforderungsansprüchen führen kann, welche die Kassen der Krankenversicherungen und des Staates füllen.

II. Eigene Spezialabteilungen

Zum einen ist zu erkennen, dass die gesetzlichen Krankenversicherungen inzwischen immer häufiger spezialisierte Abteilungen aufweisen, welche sich mit der sogenannten Fehlverhaltensbekämpfung im Gesundheitswesen auseinandersetzen.

Die größten derartigen Abteilungen dürften zum jetzigen Zeitpunkt wahrscheinlich die AOKen haben. Allerdings sind hier teils sehr unterschiedliche Personalausstattungen zu erkennen. Insbesondere im südlichen Raum, bzw. konkret in Bayern, dürfte zum jetzigen Zeitpunkt die größte Regressabteilung bei der AOK eingerichtet sein und somit legt man dort auch am meisten Wert darauf, Kontrollen vorzunehmen und Rückzahlungen zu arrangieren. Teils existieren Arbeitsgemeinschaften, in welchen mehrere gesetzliche Krankenversicherungen zusammenwirken, um größtmögliche Zahlungen von den zugelassenen Leistungserbringern zurückzuerhalten. Manchmal sind jedoch einzelne Krankenversicherungen auch einfach nur alleine tätig, ohne sich mit anderen abzustimmen. Da jedoch diese Regressabteilungen in den letzten Jahren zunehmend ausgebaut und immer größere Kontrollen durchgeführt wurden, kommt es automatisch zu mehr Verfahren. Meist läuft dies dann unter dem Arbeitsbegriff der Qualitätssicherung, weil man eben automatisch davon ausgeht, dass eine fehlerhafte Abrechnung auch zu einer fehlerhaften oder schlechteren Behandlung führt.

Nicht nur die gesetzlichen Krankenversicherungen haben aufgerüstet, auch im Bereich der privaten Krankenversicherungen kommt es immer häufiger zu Kontrollen. Diese sind teilweise zwar noch recht zögerlich, allerdings erkennt man auch hier immer mehr Anstrengungen der privaten Krankenversicherungen, Kontrollen vorzunehmen und Fehlverhaltensweisen aufzudecken. Hinzu kommt, dass der Gesetzgeber inzwischen Rechtsgrundlagen geschaffen hat, dass privaten Krankenversicherungen Durchgriffsansprüche gegenüber Praxen zustehen, welche fehlerhaft abgerechnet haben. Zwar besteht gar kein Vertrag zwischen den privaten Krankenversicherungen und den Leistungserbringern. Mit entsprechenden Gesetzesgrundlagen wurde jedoch dafür gesorgt, dass die privaten Krankenversicherungen sich unmittelbar an die Praxen wenden können, wenn herausgefunden wurde, dass fehlerhafte Abrechnungen stattgefunden haben.

Die dritte Institution, welche sich mit den Falschabrechnungen auseinandersetzt, ist die Staatsanwaltschaft. Hier gibt es bundesweit eine Vielzahl von Staatsanwaltschaften, welche eben immer bei einem gewissen Gericht verortet sind. Die Staatsanwaltschaften haben in den letzten Jahren immer mehr Verfahren zum Abrechnungsbetrug im Gesundheitswesen eröffnen und abarbeiten müssen, weil immer häufiger Strafanzeige erstattet wird. So werden die Staatsanwaltschaften eben ohnehin beim Thema des Abrechnungsbetrugs nur tätig, wenn eine Strafanzeige erfolgt. Diese kann dann zum einen durch die gesetzlichen Krankenversicherungen, die privaten Krankenversicherungen oder auch Mitarbeiter oder Patienten erfolgen. Erst dann wird die Staatsanwaltschaft tätig. Inzwischen besteht jedoch auch eine Rechtsgrundlage, welche zumindest die gesetzlichen Krankenversicherungen dazu verpflichtet, Strafanzeige zu erstatten, sofern ein Abrechnungsbetrug vermutet wird. Manche Krankenversicherungen legen darüber hinaus eine Bagatellgrenze fest, unter welcher eine Strafanzeige nicht erstattet wird. Diese Bagatallgrenze wird von den ersten Krankenversicherungen jedoch bei 50,00 € angesiedelt, so dass üblicherweise schon die fehlerhafte Abrechnung eines einzelnen Rezeptes zu einer Strafanzeige führen kann.

Bei den Staatsanwaltschaften selbst wurden zwischenzeitlich an vielen Stellen eigene Abteilungen eingerichtet, welche sich nur noch mit dem Betrug im Gesundheitswesen auseinandersetzen und insoweit hochspezialisiert sind. So merkte man noch vor einigen Jahren, dass mehrere Staatsanwaltschaften von der Rechtslage im Gesundheitswesen doch nur recht grobe Vorstellungen haben. Zum jetzigen Zeitpunkt haben diese Abteilungen jedoch häufig Spezialwissen und wissen ganz genau, was in Praxen richtig oder falsch läuft. Die Staatsanwaltschaften werden üblicherweise unterstützt von spezialisierten Kräften bei der Kriminalpolizei. Schließlich entscheidet die Staatsanwaltschaft zwar, wie ermittelt wird, die eigentliche Tätigkeit in der Praxis oder bei der Ermittlung selbst wird üblicherweise von der Kriminalpolizei auf Anweisung der Staatsanwaltschaft vorgenommen. Somit wird die Luft zusehends dünner für Praxen, welche fehlerhaft abrechnen.

III. Risiko der Falschabrechnung

Es stellt sich allerdings die Frage, inwieweit überhaupt Risiken bestehen, wenn Praxen fehlerhaft abrechnen.

Dabei ist zunächst festzustellen, dass Leistungen, welche fehlerhaft abgerechnet wurden, zurückzuzahlen sind. Dies gilt insbesondere im Rahmen der gesetzlichen Krankenversicherungen, weil das Bundessozialgericht hier den sogenannten »formellen Schadensbegriff« geprägt hat. Darunter ist zu verstehen, dass eine Leistung nicht allein deshalb zu vergüten ist, weil sie abgegeben wurde, sondern dass diese nur zu vergüten ist, wenn neben der Abgabe der Leistung auch alle formellen Voraussetzungen eingehalten wurden. Sollten allerdings formelle Voraussetzungen der Leistungsabgabe nicht erfüllt worden sein, entsteht ein Rückforderungsanspruch der gesetzlichen Krankenversicherung. Somit hat eine gesetzliche Krankenversicherung einen Anspruch auf Rückzahlung der unrechtmäßig abgerechneten und vergüteten Leistungen, wobei grundsätzlich schon vertretbar ist, dass bei der fehlerhaften Abrechnung nur einer Leistung auf einer Verordnung die komplette Verordnung ungültig sein dürfte und somit eine komplette Rückzahlung der Vergütung für eine Verordnung zu erfolgen hat. Hierüber lässt sich jedoch noch trefflich streiten, wobei die strengere Auslegung wahrscheinlich eher korrekt ist.

Hinzu tritt bei den gesetzlichen Krankenversicherungen eine Vertragsstrafe von bis zu 50.000,00 €. Neben der eigentlichen Rückforderung können gesetzliche Krankenversicherungen bis zu 50.000,00 € Vertragsstrafe fordern und somit den Rückforderungsbetrag erheblich erhöhen. Dabei sind 50.000,00 € angemessen für ganz massive Fälle. Im Regelfall belaufen sich die meisten Vertragsstrafen im Rahmen von 2.000,00 € bis 5.000,00 €, jedoch kommt es auch immer zu der Verhängung von Vertragsstrafen in fünfstelliger Höhe. Dabei gibt es Leistungserbringer, welche bereits mehrfach aufgefallen sind und insbesondere diese müssen sich nicht wundern, wenn deren Vertragsstrafe ab einem gewissen Zeitpunkt den Höchstbetrag erreicht.

Als zusätzliches Risiko kann dann eben von der Staatsanwaltschaft ein Strafverfahren initiiert werden, welches dann entweder zu einer Geldauflage führen kann, so dass die Praxis, welche falsch abgerechnet hat, eine Geldleistung an die Staatsanwaltschaft oder eine gemeinnützige Organisation leisten muss oder es kommt zu der Verhängung einer Geldstrafe oder Freiheitsstrafe.

Bei einer genauen Auseinandersetzung mit den entsprechenden Rechtsgrundlagen des Abrechnungsbetrugs und teilweise auch der Urkundenfälschung muss allerdings beachtet werden, dass gesetzlich eine Mindestfreiheitsstrafe vorgesehen ist. Wenn also tatsächlich festgestellt wird, dass ein Abrechnungsbetrug einer Praxis erfolgt ist und es sich hier üblicherweise eben auch um regelmäßige Abrechnungen gehandelt hat, muss der Praxisinhaber mit einer Freiheitsstrafe rechnen. Bei der ersten Verurteilung und einem Fall, welcher noch überschaubar von dem fehlerhaften Abrechnungsvolumen ist, wird man hier von einer Freiheitsstrafe auf Bewährung reden können. Bei wiederholten Begehungen wird dies allerdings auch nicht mehr möglich sein.

Für den betroffenen Praxisinhaber ist allerdings nach all diesen bereits dargestellten, möglichen Konsequenzen, üblicherweise ein anderes Szenario bzw. eine anderweitige Sanktion noch von viel größerer Tragweite. Der Praxisinhaber muss nämlich mit dem Zulassungsentzug rechnen. Hierbei ist zum einen möglich, dass die Kassenzulassung entzogen wird und somit nur noch möglich ist Privatpatienten zu behandeln. Allerdings kommt es hierzu verhältnismäßig selten, weil insbesondere bei schweren Delikten die gesetzlichen Krankenversicherungen üblicherweise an der Zulassung festhalten, so dass der Praxisinhaber weiter

Leistungen erbringen kann, um Einnahmen zu erzielen, um dann im letzten Schritt eine Rückzahlung von Falschabrechnungen aus der Vergangenheit vorzunehmen.

Viel häufiger kommt es zu einem Entzug der Berufserlaubnis. Der Entzug der Berufserlaubnis wird weder von den Krankenversicherungen vorgenommen noch von der Staatsanwaltschaft, sondern von dem örtlich zuständigen Gesundheitsamt, welches für das Gebiet zuständig ist, in welchem die Praxis ihren Sitz hat. Wenn es nämlich bei einer Verurteilung zu einer Geldstrafe oder Freiheitsstrafe kommt, ist die Staatsanwaltschaft gesetzlich dazu verpflichtet, die örtliche Gesundheitsbehörde zu informieren und diese hat dann wiederum zu überprüfen, ob die Berufserlaubnis dem Therapeuten entzogen wird.

Hier handelt es sich zunächst einmal um eine Ermessensentscheidung, so dass es durchaus noch Möglichkeiten gibt, mit der Behörde in Austausch zu treten und diese davon zu überzeugen, die Berufserlaubnis nicht zu entziehen. Es kommt jedoch auf jeden Einzelfall an und Prüfungsmaßstab ist die Zuverlässigkeit des Therapeuten, welcher falsch abgerechnet hat. So versucht die Gesundheitsbehörde in einem vorliegenden Fall dann zum einen die Frage zu beantworten, ob ursprünglich die Berufserlaubnis überhaupt erteilt worden wäre, wenn man damals von einem solchen Fall gewusst hätte, sofern er bereits vorher vorgelegen hätte und versucht in die Abwägung einzubeziehen, ob das fehlerhafte Verhalten in der Vergangenheit zwingend erwarten lässt, dass zukünftig weitere Fehlverhaltensweisen auftreten. Nur wenn die Gesundheitsbehörde eine positive Prognose treffen kann, dass aller Voraussicht nach nicht mit einem weiteren Fehlverhalten zu rechnen ist, kann der Praxisinhaber, welcher wegen der Falschabrechnung verurteilt wurde, damit rechnen, dass er seine Berufserlaubnis nicht entzogen bekommen. Die Gesundheitsbehörden sind diesbezüglich alles andere als einheitlich in ihren Entscheidungen. Letztlich muss jedenfalls jede Person, welche über eine Erlaubnis aus dem Bereich des

Gesundheitswesen verfügt, damit rechnen, dass im Falle der Falschabrechnung diese Berufserlaubnis entzogen wird. Dies gilt vor allem für Masseure und medizinische Bademeister, Physiotherapeuten, Ergotherapeuten, Logopäden, Podologen, aber auch für Heilpraktiker und Ärzte. Sogar Hebammen sind von der entsprechenden Rechtslage umfasst. Folglich wird wohl jeder merken, dass die Risiken der fehlerhaften Abrechnung absolut existenzgefährdend sein können und somit fehlerhafte Abrechnungen strikt zu vermeiden sind.

IV. Häufigste Fälle

Nun wollen wir uns allerdings mit den häufigsten Fällen auseinandersetzen, weshalb es überhaupt zu Absetzungen, Regressen und Strafverfahren kommt.

Ein sehr häufiger Fehler, welcher zu Folgeproblematiken führt, ist die vorherige Globalbestätigung des Patienten. Damit ist gemeint, dass ein Patient den Erhalt der Leistungen, welche auf einem Kassenrezept verordnet wurden, vor dem Erhalt der Leistungen bestätigt und somit die Praxis ein Rezept vorliegen hat, auf welchem der Patient schon alle Leistungen quittiert hat. Allerdings sind diese Leistungen zu diesem Zeitpunkt noch gar nicht erbracht worden.

Zum einen verstößt dies gegen den Rahmenvertrag, welcher zwischen der Praxis und den gesetzlichen Krankenversicherungen besteht und zum anderen führt dies nicht selten zu Folgeproblematiken. Neben dem Umstand, dass vorherige Globalbestätigungen nicht zulässig sind, führt dies häufig zu der Abrechnung falscher Termine oder falscher Daten. So muss die Abrechnung, wie bereits ausgeführt wurde, formell korrekt sein und hierauf müssen die gesetzlichen Krankenversicherungen vertrauen können, weil diese gewissermaßen auf die korrekte Abrechnung vertrauen müssen. Erhebliche Kontrollkapazitäten gibt es dort nämlich nicht. Wenn allerdings Patienten vorher bereits die vollständige Verordnung mit Unterschriften bestätigen, kommt es gar nicht selten vor, dass nachträglich von Angestellten der Praxis die abgegebenen Behandlungen mitsamt dem Datum der Leistungsabgabe ergänzt werden, weil man davon ausgeht, dass vergessen wurde, diese Daten einzutragen. Häufig werden dann Daten aus dem Terminkalender übernommen, weil Termine mit den Patienten vereinbart wurden. Dabei hat möglicherweise ein Patient allerdings andere Termine wahrgenommen oder noch nicht einmal alle Behandlungen erhalten. So unterscheiden sich die ursprünglich vergebenen Termine in manchen Fällen von Terminen, welche tatsächlich in Anspruch genommen worden sind. So kann es geschehen, dass ein Patient beispielsweise nach der dritten von sechs geplanten Behandlungen verstirbt. Es ist in einem solchen Fall dann schwerlich darstellbar, wie eine solche Verordnung zu den gesetzlichen Krankenversicherungen zum Zwecke der Abrechnung übermittelt werden kann und schon sechs Behandlungen auf der Verordnung vom Patienten quittiert wurden, obwohl nur drei erfolgt sind.

Nicht selten werden allerdings auch bewusst falsche Termine eingetragen, weil ansonsten Fristenregelungen der gesetzlichen Krankenversicherungen nicht eingehalten werden können. So kann beispielsweise eine Verordnung erst später begonnen werden, als dies eigentlich zulässig ist oder die Unterbrechungen auf einer Verordnung sind länger, als es eigentlich rechtmäßig ist. Bei der Eintragung falscher Termine und Daten kann es allerdings immer wieder zu Problemen kommen und ohnehin besteht dann kein Vergütungsanspruch gegenüber der gesetzlichen Krankenversicherung. So gibt es Praxen, welche bei der Eintragung von Terminen sehr »kreativ« sind und hierbei Termine eintragen, welche rein theoretisch hätten zu diesen Daten stattfinden können. Möglicherweise hat sich der Patient allerdings während eines Behandlungstermins im Krankenhaus oder Ausland befunden, was dann später herauskommt. Dies geschieht verhältnismäßig häufig.

Eine weitere häufige Fehlerquelle ist die Abgabe von sogenannten Zertifikatsleistungen durch Unbefugte. Hierbei handelt es sich um ein Problem, welches einzig in der Physiotherapie besteht. So gibt es spezielle Leistungen, welche nur von zusätzlich qualifizierten Therapeuten abgegeben werden dürfen. Hierbei handelt es sich um die manuelle Therapie, die manuelle Lymphdrainage, die Krankengymnastik auf neurophysiologischer Basis und die Krankengymnastik am Gerät. Wenn der Therapeut, welcher eigentlich die Leistung abgegeben sollte und über die hinreichende Qualifikation verfügt, erkrankt ist oder sich im Urlaub befindet, darf eben eine Vertretung nicht durch einen Physiotherapeuten erfolgen, welcher nicht über diese Zusatzqualifikation verfügt. Ohnehin dürfen diese Zertifikatsleistungen nur von hinreichend qualifiziertem Personal abgegeben werden.

Eine ebenso häufige Fehlerquelle ist der Einsatz nicht qualifizierter Therapeuten, wobei dieser Problempunkt weit aufgefächert ist.

Zum einen kann es dazu kommen, dass Patienten von Personen behandelt werden, welche gar nicht hinreichend qualifiziert sind, zum anderen kann es jedoch auch um Behandlungen gehen, welche von Therapeuten abgegeben werden, welche einfach in Deutschland nicht tätig sein dürfen. Eine häufige Problematik ist beispielsweise, wenn Masseure und medizinische Bademeister die Krankengymnastik abgegeben. Dies ist grundsätzlich nicht gestattet und führt nicht zu einem Vergütungsanspruch, weil Masseure und medizinische Bademeister schlechterdings die Krankengymnastik nicht abgeben dürfen. Auch beliebt ist die Abgabe von Podologie durch medizinische Fußpfleger, was allerdings auch nicht gestattet ist. Gerade aufgrund des herrschenden Fachkräftemangels in allen therapeutischen Branchen kommt es auch immer wieder dazu, dass aus dem Ausland eigentlich qualifizierte Fachkräfte angeworben werden, welche dann Leistungen an Patienten abgeben. Allerdings müssen diese Personen in Deutschland immer eine Anerkenntnis der ausländischen Berufserlaubnis beantragen, welche in den seltensten Fällen von Behörden durchgewunken wird. In den meisten Fällen bedarf es eben zusätzlicher Nachqualifikationen der ausländischen Therapeuten, so dass erst nach Abschluss dieser Nachqualifikation der therapeutische Beruf in Deutschland ausgeübt werden darf. Ebenso häufig dürfte es geschehen, dass Personen in der Physiotherapie eingesetzt werden, welche weder Masseure / medizinische Bademeister noch Physiotherapeuten sind. Hierbei handelt es sich dann insbesondere um Sport- und Gymnastiklehrer oder Diplomsportwissenschaftler. Diese dürfen jedoch kranke Menschen in der Praxis gar nicht behandeln. Gleiches gilt für Heilpraktiker, wenn diese zu Lasten der gesetzlichen Versicherten eingesetzt werden sollen.

Die bisher aufgegriffenen problematischen Fälle stellen üblicherweise eine bewusste Fehlverhaltensweise dar, welche eigentlich nicht aus Versehen geschehen kann. Allerdings gibt es auch Fälle, welche durch Vernachlässigung administrativer Pflichten entstehen.

So dürfen zu Lasten der gesetzlichen Krankenversicherungen ausschließlich Therapeuten eingesetzt werden, welche bei den Zulassungsstellen der gesetzlichen Krankenversicherungen gemeldet sind. Wenn Therapeuten dort nicht gemeldet sind, spielt es dem Grunde nach keine Rolle, ob diese hinreichend qualifiziert sind. Schon die unterlassene Meldung bei der Zulassungsstelle führt dazu, dass die Leistung des nicht gemeldeten Therapeuten mit den gesetzlichen Krankenversicherungen nicht abgerechnet werden kann. So gibt es manche Fälle, in welchen Krankenkassen schonmal »ein Auge zudrücken«, jedoch gibt es auch andere Beispiele. Allerdings existieren sehr viele Praxen, welche die Notwendigkeit der Mitarbeitermeldung gerade nicht sonderlich ernst nehmen und dies dazu führt, dass gesetzliche Krankenversicherungen eben Leistungen eigentlich gar nicht vergüten müssten. Es verwundert in manchen Fällen schon, dass beispielsweise nur ein Praxisinhaber der Zulassungsstelle bekannt ist, das Abrechnungsvolumen der Praxis allerdings derart hoch ist, dass jedem klar sein müsste, dass eine Vielzahl von Mitarbeitern beschäftigt ist. In manchen Fällen fangen gesetzliche Krankenversicherungen erst nach Jahren an, genauer hinzuschauen, was jedoch dann dazu führen kann, dass eben alle Leistungen von nicht gemeldeten Therapeuten zurückgezahlt werden müssen. Sofern die Krankenversicherungen darauf kommen, sind meistens ganz erhebliche Rückforderungen der Fall. Viel schlauer ist es in einem solchen Fall, auf die gesetzlichen Krankenversicherungen unter Zuhilfenahme eines kundigen Rechtsbeistands zuzugehen, sofern dem Praxisinhaber auffällt, dass er seine Meldepflicht nicht erfüllt hat. In solchen Konstellationen ist häufig eine Einigung möglich, sodass die Rückzahlungen oder Strafzahlungen verhältnismäßig niedrig ausfallen und weit entfernt sind von dem Betrag, welcher eigentlich den gesetzlichen Krankenversicherungen zusteht.

Ein Fall, welcher zu wenig Verhandlungsspielraum führt, ist der, dass eine Praxis mit Kassenzulassung umzieht, ohne die Zulassung umzustellen. So sind Kassenzulassungen immer räumlich gebunden und werden nur erteilt, wenn die räumlichen Voraussetzungen vorliegen. Wenn allerdings der Praxisumzug erfolgt und die Zulassung für die neuen Räumlichkeiten nicht beantragt wird, erlischt die Kassenzulassung ab dem Zeitpunkt des Umzugs. Sofern dann weiter abgerechnet wird, was in einigen Fällen durchaus schon vorgekommen ist, besteht kein Vergütungsanspruch. Wenn die gesetzlichen Krankenversicherungen von diesem Umstand zu einem späteren Zeitpunkt erfahren, muss mit erheblichen Rückforderungen gerechnet werden, welche sich auf den Betrag beziehen, welcher seit dem Umzug abgerechnet wurde.

Auch kommt es regelmäßig dazu, dass Gesellschaftswechsel oder Gesellschafterwechsel stattfinden. Dies führt dazu, dass die Zulassung umgestellt werden muss. Sollte beispielsweise ein Einzelunternehmer seine Praxis in eine GmbH umwandeln, muss dies zwingend bei der Zulassungsstelle beantragt werden. Ansonsten besteht keine Kassenzulassung mehr ab dem Zeitpunkt, ab welchem die GmbH den Praxisbetrieb übernimmt. Wenn beispielsweise eine Praxis in Form einer Gesellschaft bürgerlichen Rechts (GbR) betrieben wird und ein Gesellschafter ausscheidet oder hinzukommt, muss dies ebenso mit der Abrechnungsstelle abgeklärt werden, weil ansonsten eine Abrechnungsbefugnis in dieser Form nicht mehr besteht.

Die Fälle, weshalb es zu Falschabrechnungen kommen kann, sind also sehr weit gefächert, wobei die zuletzt genannten Fälle sich eher auf administrative Unzulänglichkeiten als eine bewusste Falschabrechnung konzentrieren. Die juristische Folge ist jedoch identisch.

Zusätzlich ist zu erkennen, dass die meisten Situationen der fehlerhaften Abrechnung mit gesetzlichen Krankenversicherungen in Zusammenhang stehen. Dies liegt daran, weil die Regularien im Bereich der gesetzlichen Krankenversicherungen wesentlich strenger und umfangreicher sind als im privaten Bereich. So existieren bei privatärztlichen Verordnungen keine Regeln, in welchem Zeitraum diese begonnen oder abgearbeitet sein müssen. Auch existieren die Reglungen zu Zusatzqualifikationen nicht. Selbstverständlich müssen hier allerdings auch Anforderungen wie Berufsabschlüsse vorliegen. Im Bereich der privaten Krankenversicherung macht sich üblicherweise der Versicherungsnehmer auch strafbar, wenn dieser wissentlich Leistungen zur Erstattung bei seiner privaten Krankenversicherung einreicht, bei welcher die Erstattungsvoraussetzungen nicht vorliegen.

V. Verhalten bei Falschabrechnungen

Letztlich muss jedem Therapeuten und jedem Angehörigen der Gesundheitsberufe bewusst sein, dass schon eine einfache Absetzung zu einem Regressverfahren oder Strafverfahren führen kann. So mag es sein, dass eine einzelne Absetzung mit beispielsweise einer Überschneidung mit einem Krankenhausaufenthalt noch nicht zu einer umfangreichen Überprüfung führt. Hier bleibt es manchmal einfach bei einer Nichtzahlung des Rezeptes. Wenn ein solcher Vorgang jedoch häufiger vorkommt, wirft dies Fragen bei den Krankenversicherungen auf. Diese Fragen führen zu weiteren Ermittlungen. Zu erkennen ist der Trend, dass entsprechende Regressverfahren oder Strafverfahren häufig lange nach einer ersten Absetzung auf den Weg gebracht werden und hier nicht selten 1 bis 2 Jahre dazwischen liegen. In manchen Fällen sind Krankenversicherungen schnell aktiv und wollen direkt Sachverhalte klären. In manchen Situationen passiert jedoch zunächst einmal gar nichts.

Es darf mitunter darauf hingewiesen werden, dass Befragungen der gesetzlichen Krankenversicherungen und der privaten Krankenversicherungen gegenüber Patienten immer häufiger vorkommen und alleine deshalb schon immer mehr Fälle der Falschabrechnung zu Tage treten. In den meisten Fällen werden jedoch Untersuchungen des Abrechnungsverhaltens der Praxis auf den Weg gebracht, weil sich entweder Patienten oder ehemalige Mitarbeiter bei den Krankenversicherungen oder der Polizei bzw. der Staatsanwaltshaft melden. Vor allem enttäuschte Patienten, die entweder mit der Behandlung nicht zufrieden waren oder ehemalige Mitarbeiter, welche sich im Schlechten von der Praxis getrennt haben, sehen nicht selten die Veranlassung Untersuchungen zu initiieren, indem anonyme Meldungen gemacht werden. Auch dies sollte Veranlassung genug sein, das Abrechnungsverhalten einer Praxis stets an bestehenden Regeln und Gesetzen auszurichten, sodass man nicht Gefahr läuft, Ärger zu bekommen.

Viele Praxen, welche sich zunächst über ihr Abrechnungsverhalten gar keine Gedanken gemacht haben oder wenig Wert auf die Einhaltung entsprechender Regularien und Gesetze gelegt haben, bereuen dies zu einem späteren Zeitpunkt. Die korrekte Abrechnung führt letztlich dazu, dass man stets ruhig schlafen kann und sich über Sanktionen keinerlei Sorgen machen muss. So kann es sein, dass bei der Einhaltung entsprechender Regelungen zunächst die Einnahmen geringer ausfallen, weil man sich an teils sehr strenge formelle Regeln halten muss und so manche Behandlung dann doch nicht abgerechnet werden kann oder die Auslastung der Praxis heruntergeht. Spätestens, wenn man dadurch allerdings Sanktionen verhindert, lohnt sich korrektes Verhalten.

Sollte es dann einmal doch dazu kommen, dass Ärger mit den Krankenversicherungen oder den Strafverfolgungsbehörden besteht, sollte man sich zwingend nicht einfach mit dem örtlich nächsten Rechtsanwalt oder dem, welcher schon einmal »auf der Behandlungsliege gelegen hat«, in Verbindung setzen, sondern ausschließlich mit einem hochgradigen Spezialisten, welcher sich mit diesem speziellen Gebiet auskennt. Genau derartige Spezialisten sind rar gesät, weshalb der Autor Rechtsanwalt D. Benjamin Alt inzwischen einen Großteil seiner rechtsanwaltlichen Tätigkeiten auf den Bereich des Abrechnungsbetrugs im gesamten Bundesgebiet verwendet.

Auch, wenn es sich bei dem Thema des Abrechnungsbetrugs um ein sehr ernstes Thema handelt, kann es unter keinen Umständen schaden, sich die oben dargestellten Umstände einmal zu Gemüte geführt zu haben, um es gerade dazu im besten Fall gar nicht kommen zu lassen.

VI. Besonders wichtige Stellen im Gesetz

§ 263 StGB - Betrug

(1) Wer in der Absicht, sich oder einem Dritten einen rechtswidrigen Vermögensvorteil zu verschaffen, das Vermögen eines anderen dadurch beschädigt, dass er durch Vorspiegelung falscher oder durch Entstellung oder Unterdrückung wahrer Tatsachen einen Irrtum erregt oder unterhält, wird mit Freiheitsstrafe bis zu fünf Jahren oder mit Geldstrafe bestraft.

(2) Der Versuch ist strafbar.

(3) In besonders schweren Fällen ist die Strafe Freiheitsstrafe von sechs Monaten bis zu zehn Jahren. Ein besonders schwerer Fall liegt in der Regel vor, wenn der Täter

1.

gewerbsmäßig oder als Mitglied einer Bande handelt, die sich zur fortgesetzten Begehung von Urkundenfälschung oder Betrug verbunden hat,

2.

einen Vermögensverlust großen Ausmaßes herbeiführt oder in der Absicht handelt, durch die fortgesetzte Begehung von Betrug eine große Zahl von Menschen in die Gefahr des Verlustes von Vermögenswerten zu bringen,

3.

eine andere Person in wirtschaftliche Not bringt,

4.

seine Befugnisse oder seine Stellung als Amtsträger oder Europäischer Amtsträger missbraucht oder

5.

einen Versicherungsfall vortäuscht, nachdem er oder ein anderer zu diesem Zweck eine Sache von bedeutendem Wert in Brand gesetzt oder durch eine Brandlegung ganz oder teilweise zerstört oder ein Schiff zum Sinken oder Stranden gebracht hat.

(4) § 243 Abs. 2 sowie die §§ 247 und 248a gelten entsprechend.

(5) Mit Freiheitsstrafe von einem Jahr bis zu zehn Jahren, in minder schweren Fällen mit Freiheitsstrafe von sechs Monaten bis zu fünf Jahren wird bestraft, wer den Betrug als Mitglied einer Bande, die sich zur fortgesetzten Begehung von Straftaten nach den §§ 263 bis 264 oder 267 bis 269 verbunden hat, gewerbsmäßig begeht.

(6) Das Gericht kann Führungsaufsicht anordnen (§ 68 Abs. 1).

§ 267 StGB - Urkundenfälschung

(1) Wer zur Täuschung im Rechtsverkehr eine unechte Urkunde herstellt, eine echte Urkunde verfälscht oder eine unechte oder verfälschte Urkunde gebraucht, wird mit Freiheitsstrafe bis zu fünf Jahren oder mit Geldstrafe bestraft.

(2) Der Versuch ist strafbar.

(3) In besonders schweren Fällen ist die Strafe Freiheitsstrafe von sechs Monaten bis zu zehn Jahren. Ein besonders schwerer Fall liegt in der Regel vor, wenn der Täter
1.
gewerbsmäßig oder als Mitglied einer Bande handelt, die sich zur fortgesetzten Begehung von Betrug oder Urkundenfälschung verbunden hat,
2.
einen Vermögensverlust großen Ausmaßes herbeiführt,
3.
durch eine große Zahl von unechten oder verfälschten Urkunden die Sicherheit des Rechtsverkehrs erheblich gefährdet oder
4.
seine Befugnisse oder seine Stellung als Amtsträger oder Europäischer Amtsträger missbraucht.

(4) Mit Freiheitsstrafe von einem Jahr bis zu zehn Jahren, in minder schweren Fällen mit Freiheitsstrafe von sechs Monaten bis zu fünf Jahren wird bestraft, wer die Urkundenfälschung als Mitglied einer Bande, die sich zur fortgesetzten Begehung von Straftaten nach den §§ 263 bis 264 oder 267 bis 269 verbunden hat, gewerbsmäßig begeht.

§ 27 StGB - Beihilfe

(1) Als Gehilfe wird bestraft, wer vorsätzlich einem anderen zu dessen vorsätzlich begangener rechtswidriger Tat Hilfe geleistet hat.

(2) Die Strafe für den Gehilfen richtet sich nach der Strafdrohung für den Täter. Sie ist nach § 49 Abs. 1 zu mildern.

§ 197a SGB V - Stellen zur Bekämpfung von Fehlverhalten im Gesundheitswesen

(1) Die Krankenkassen, wenn angezeigt ihre Landesverbände, und der Spitzenverband Bund der Krankenkassen richten organisatorische Einheiten ein, die Fällen und Sachverhalten nachzugehen haben, die auf Unregelmäßigkeiten oder auf rechtswidrige oder zweckwidrige Nutzung von Finanzmitteln im Zusammenhang mit den Aufgaben der jeweiligen Krankenkasse oder des jeweiligen Verbandes hindeuten. Sie nehmen Kontrollbefugnisse nach § 67c Abs. 3 des Zehnten Buches wahr.

(2) Jede Person kann sich in Angelegenheiten des Absatzes 1 an die Krankenkassen und die weiteren in Absatz 1 genannten Organisationen wenden. Die Einrichtungen nach Absatz 1 gehen den Hinweisen nach, wenn sie auf Grund der einzelnen Angaben oder der Gesamtumstände glaubhaft erscheinen.

(3) Die Krankenkassen und die weiteren in Absatz 1 genannten Organisationen haben zur Erfüllung der Aufgaben nach Absatz 1 untereinander und mit den Kassenärztlichen Vereinigungen und Kassenärztlichen Bundesvereinigungen zusammenzuarbeiten. Der Spitzenverband Bund der Krankenkassen organisiert einen regelmäßigen Erfahrungsaustausch mit Einrichtungen nach Absatz 1 Satz 1, an dem die Vertreter der Einrichtungen nach § 81a Absatz 1 Satz 1, der berufsständischen Kammern und der Staatsanwaltschaft in geeigneter Form zu beteiligen sind. Über die Ergebnisse des Erfahrungsaustausches sind die Aufsichtsbehörden zu informieren.

(3a) Die Einrichtungen nach Absatz 1 dürfen personenbezogene Daten, die von ihnen zur Erfüllung ihrer Aufgaben nach Absatz 1 erhoben oder an sie übermittelt wurden, untereinander und an Einrichtungen nach § 81a übermitteln, soweit dies für die Feststellung und Bekämpfung von Fehlverhalten im Gesundheitswesen beim Empfänger erforderlich ist. Der Empfänger darf diese nur zu dem Zweck verarbeiten, zu dem sie ihm übermittelt worden sind.

(3b) Die Einrichtungen nach Absatz 1 dürfen personenbezogene Daten an die folgenden Stellen übermitteln, soweit dies für die Verhinderung oder Aufdeckung von Fehlverhalten im Gesundheitswesen im Zuständigkeitsbereich der jeweiligen Stelle erforderlich ist:

1.
die Stellen, die für die Entscheidung über die Teilnahme von Leistungserbringern an der Versorgung in der gesetzlichen Krankenversicherung zuständig sind,

2.
die Stellen, die für die Leistungsgewährung in der gesetzlichen Krankenversicherung zuständig sind,

3.
die Stellen, die für die Abrechnung von Leistungen in der gesetzlichen Krankenversicherung zuständig sind,

4.
den Medizinischen Dienst und
5.
die Behörden und berufsständischen Kammern, die für Entscheidungen über die Erteilung, die Rücknahme, den Widerruf oder die Anordnung des Ruhens einer Approbation, einer Erlaubnis zur vorübergehenden oder der partiellen Berufsausübung oder einer Erlaubnis zum Führen der Berufsbezeichnung oder für berufsrechtliche Verfahren zuständig sind.

Die nach Satz 1 übermittelten Daten dürfen von dem jeweiligen Empfänger nur zu dem Zweck verarbeitet werden, zu dem sie ihm übermittelt worden sind. Der Medizinische Dienst darf personenbezogene Daten, die von ihm zur Erfüllung seiner Aufgaben erhoben oder an ihn übermittelt wurden, an die Einrichtungen nach Absatz 1 übermitteln, soweit dies für die Feststellung und Bekämpfung von Fehlverhalten im Gesundheitswesen durch die Einrichtungen nach Absatz 1 erforderlich ist. Die nach Satz 3 übermittelten Daten dürfen von den Einrichtungen nach Absatz 1 nur zu dem Zweck verarbeitet werden, zu dem sie ihnen übermittelt worden sind.

(4) Die Krankenkassen und die weiteren in Absatz 1 genannten Organisationen sollen die Staatsanwaltschaft unverzüglich unterrichten, wenn die Prüfung ergibt, dass ein Anfangsverdacht auf strafbare Handlungen mit nicht nur geringfügiger Bedeutung für die gesetzliche Krankenversicherung bestehen könnte.

(5) Der Vorstand der Krankenkassen und der weiteren in Absatz 1 genannten Organisationen hat dem Verwaltungsrat im Abstand von zwei Jahren über die Arbeit und Ergebnisse der organisatorischen Einheiten nach Absatz 1 zu berichten. Der Bericht ist der zuständigen Aufsichtsbehörde und dem Spitzenverband Bund der Krankenkassen zuzuleiten. In dem Bericht sind zusammengefasst auch die Anzahl der Leistungserbringer und Versicherten, bei denen es im Berichts-

zeitraum Hinweise auf Pflichtverletzungen oder Leistungsmissbrauch gegeben hat, die Anzahl der nachgewiesenen Fälle, die Art und Schwere des Pflichtverstoßes und die dagegen getroffenen Maßnahmen sowie der verhinderte und der entstandene Schaden zu nennen; wiederholt aufgetretene Fälle sowie sonstige geeignete Fälle sind als anonymisierte Fallbeispiele zu beschreiben.

(6) Der Spitzenverband Bund der Krankenkassen trifft bis zum 1. Januar 2017 nähere Bestimmungen über

1.
die einheitliche Organisation der Einrichtungen nach Absatz 1 Satz 1 bei seinen Mitgliedern,

2.
die Ausübung der Kontrollen nach Absatz 1 Satz 2,

3.
die Prüfung der Hinweise nach Absatz 2,

4.
die Zusammenarbeit nach Absatz 3,

5.
die Unterrichtung nach Absatz 4 und

6.
die Berichte nach Absatz 5.

Die Bestimmungen nach Satz 1 sind dem Bundesministerium für Gesundheit vorzulegen. Der Spitzenverband Bund der Krankenkassen führt die Berichte nach Absatz 5, die ihm von seinen Mitgliedern zuzuleiten sind, zusammen, gleicht die Ergebnisse mit den Kassenärztlichen Bundesvereinigungen ab und veröffentlicht seinen eigenen Bericht im Internet.

2. Kapitel - Arbeitsrecht

Die Frage ist, ob eine Praxis überhaupt erfolgreich auf Dauer betrieben werden kann, wenn keine Grundkenntnisse im Arbeitsrecht vorhanden sind. Sollten diese Grundkenntnisse jedenfalls nicht vorhanden sein, würde auf Dauer damit zu rechnen sein, dass ganz erhebliche Zusatzkosten für die Praxis entstehen, welche sich eigentlich vermeiden lassen würden. Deshalb sollten zumindest die Erkenntnisse, welche nachfolgend dargestellt werden, bei jedem Praxisinhaber vorhanden sein. Auch bei Arbeitnehmern sind selbstverständlich das Wissen und die Kenntnis über diese Umstände nicht von Nachteil.

I. Arbeitsvertrag

Zunächst muss berücksichtigt werden, dass Arbeitsverträge ohne weiteres auch mündlich geschlossen werden können und dann auch gültig sind. Gesetzlich ist nämlich nicht vorgegeben, dass ein Arbeitsvertrag schriftlich geschlossen sein muss. Für Arbeitnehmer ist es üblicherweise auch nicht von Nachteil, wenn ein Arbeitsvertrag rein mündlich geschlossen wird. Gerade für Arbeitgeber bietet es sich jedoch an, Arbeitsverträge in schriftlicher Form abzufassen. Ein schriftlicher Arbeitsvertrag bietet jedenfalls deutlich mehr Sicherheit für beide Parteien und legt klar fest, inwieweit welche Regelungen getroffen wurden. Streitigkeit können auf diese Art und Weise regelmäßig vermieden oder am Ende besser gelöst werden. Es bietet sich also definitiv an, einen schriftlichen Arbeitsvertrag zu vereinbaren, wobei dieser dann auch juristisch sauber sein sollte. So nutzten viele Praxen selbst erstellte Verträge oder allgemeine Formulare, welche konkreten Situationen und Wünschen in der Praxis gar nicht gerecht werden. Dabei kostet die Erstellung eines juristisch sauberen und individuellen Arbeitsvertrages meist wesentlich weniger, als wenn man vor einem Arbeitsgericht dazu verurteilt wird, Zahlungen zu leisten, weil der Arbeitsvertrag Lücken aufweist oder fehlerhaft erstellt ist.

Jedem Arbeitgeber sollte zwingend bewusst sein, dass im Falle der rein mündlichen Vereinbarung eines Arbeitsvertrages die allgemeinen Regelungen des Gesetzes gelten, welche sich in weiten Teilen im Bürgerlichen Gesetzbuch (BGB) befinden. Diese Regelungen sind meist sehr positiv für Arbeitnehmer, weshalb Arbeitgeber alleine deshalb schon ein großes Interesse daran haben sollten, einen schriftlichen Arbeitsvertrag zu vereinbaren. Sollten darüber hinaus im schriftlichen Arbeitsvertrag unzulässige Regelungen existieren oder Unklarheiten bestehen, gelten wiederum die gesetzlichen Regelungen, welche für den Arbeitnehmer vorteilhaft sind.

Häufig geschieht es, dass in der Therapiebranche Fortbildungen durch den Arbeitgeber finanziell unterstützt oder vollständig getragen werden. Hier ist auch nachvollziehbar, dass die Arbeitgeber die Investition auch gewinnbringend einsetzen wollen, so dass viele Arbeitgeber einfach darauf hoffen, dass die Arbeitnehmer nach dem Abschluss einer Fortbildung im Betrieb verbleiben und dann beispielsweise höherwertigere Leistungen mit mehr Einnahmen umgesetzt werden können. Allerdings kann ein Arbeitnehmer, sofern er eine Fortbildung bezuschusst oder komplett vergütet bekommt, jederzeit den Betrieb verlassen, wenn er kein Interesse mehr daran hat, für den konkreten Betrieb tätig zu sein. Abhilfe bei dieser unangenehmen Situation lässt sich dadurch schaffen, dass eine Fortbildungsvereinbarung bzw. Rückforderungsvereinbarung zwischen Arbeitgeber und Arbeitnehmer abgeschlossen wird. Hierbei ist allerdings die Rechtsprechung der Ansicht, dass allgemeine Regelungen in Arbeitsverträgen üblicherweise einfach unwirksam sind und somit jedenfalls nicht zu Nachteilen für den Arbeitnehmer führen können. Sollte sich also beispielsweise im Arbeitsvertrag die Regelung befinden, dass ein Arbeitnehmer nach Abschluss einer Fortbildung einen gewissen Zeitraum im Betrieb tätig sein muss und er ansonsten Rückzahlungen vorzunehmen hat, ist eine solche Regelung im Arbeitsvertrag in so ziemlich allen Fällen unzulässig. Allerdings ist nicht ausgeschlossen, dass eine solche Vereinbarung zwischen den Parteien geregelt wird. Diese muss allerdings für jede Fortbildung gesondert abgeschlossen werden und muss möglichst genau sein. So muss insbesondere festgehalten werden, um welche Fortbildung es sich handelt, in welchem Zeitraum diese stattfindet, wie hoch die Fortbildungskosten sind und wie lange der Arbeitnehmer gebunden wird. Darüber haben einige Gerichte bereits entschieden. Sollte man also das Thema der Rückforderung von Fortbildungskosten ernsthaft umsetzen wollen, bietet es sich an, eine genaue Regelung in Schriftform zu treffen, um dann den Arbeitnehmer an den Betrieb zu binden. Dabei erhöht sich die Bindungsdauer jeweils, je länger die Fortbildung dauert oder je teurer diese ist. Nicht zu vergessen ist dann auch eine Abschmelzungsregelung, welche eben dazu führt, dass der an den Arbeitgeber zurückzuzahlende Betrag monatlich verringert wird, sobald der Arbeitnehmer nach Abschluss der Fortbildung im Betrieb tätig ist.

Eine Vereinbarung könnte wie folgt aussehen:

Fortbildungs- und Rückzahlungsvereinbarung

1.

Der Arbeitgeber zahlt für den Arbeitnehmer die Lehrgangsgebühren für die Fortbildung »Manuelle Therapie« bei dem Fortbildungsanbieter XY in Höhe von 3.000,00 €, welche vom 01.01.2022 bis zum 31.12.2024 stattfindet.

2.

Der Arbeitnehmer verpflichtet sich nach Abschluss der Fortbildung noch 2 Jahre im Betrieb des Arbeitgebers zu den derzeitigen Bedingungen tätig zu sein.

Sofern er selbst das Arbeitsverhältnis kündigt, hat er den Betrag in Höhe von 3.000,00 € an den Arbeitgeber zurückzuzahlen. Von der Rückforderungssumme werden dem Arbeitnehmer pro Monat der Beschäftigung nach Beendigung der Fortbildung 1/24 gutgeschrieben. Der Arbeitnehmer muss deshalb beispielsweise bei einem Ausscheiden 12 Monate nach Abschluss der Fortbildung noch 1.500,00 € zurückzahlen.

3.
Die Rückzahlung hat in dem Monat nach dem Ausscheiden aus dem Betrieb auf die Kontoverbindung des Betriebes zu erfolgen.

Die Rückzahlung wegen anderer Gründe als dem Ausscheiden aus dem Betrieb hat eine Woche nach Eintritt des Grundes zu erfolgen.

4.
Sollte das Arbeitsverhältnis durch den Arbeitgeber beendet werden, gelten die obigen Regelungen nur, sofern der Arbeitnehmer mit einem persönlichen Fehlverhalten dafür gesorgt hat, dass er aus personenbedingten Gründen gekündigt wird.

5.
Sollte der Arbeitnehmer die Abschlussprüfung nicht erfolgreich absolvieren, hat er ebenso die vollständigen Gebühren von 3.000,00 € an den Arbeitgeber zu zahlen.

6.
Elternzeit wird auf die Tätigkeitszeit nach Abschluss der Fortbildung nicht angerechnet.

7.
Die Teilnahme der Fortbildung erfolgt in der Freizeit des Arbeitnehmers.

8.
Der Arbeitnehmer verpflichtet sich, die Fortbildung stetig zu besuchen und den erfolgreichen Abschluss der Fortbil-

dung nicht durch schuldhaftes Verhalten wie unentschuldigten Fernbleiben oder mangelnden Arbeitseinsatz zu gefährden. Es ist deshalb auch Pflicht des Arbeitnehmers während der Fortbildung, das Ziel der vereinbarten Fortbildung zu erreichen.

9.
Die Fortbildung wird von dem Arbeitnehmer auf dessen ausdrücklichen eigenen Wunsch durchgeführt und der Arbeitnehmer ist der Ansicht, dass die Fortbildung seine Qualifikation unabhängig von seiner Tätigkeit bei dem Arbeitgeber erweitert. Die Fortbildung erfolgt daher im Interesse der beruflichen Fort- und Weiterbildung des Arbeitnehmers.

10.
Sollte eine Rückzahlung gemäß den obigen Bedingungen vom Arbeitnehmer nicht geleistet werden, erklärt er sich bereits jetzt damit einverstanden, dass der rückzuzahlende Betrag mit seinen Gehaltsansprüchen verrechnet wird.

Unterschrift beider Parteien

Ein sehr gutes Handwerkszeug, um Rechtssicherheit zu schaffen, ist die Vereinbarung von Ausschlussfristen. So kann im Vertrag geregelt werden, dass so ziemlich alle Ansprüche von beiden Seiten innerhalb von 3 Monaten gegenseitig geltend gemacht werden müssen und wenn dies nicht erfolgt, die Ansprüche nicht mehr geltend gemacht werden können. Dies führt zu Rechtssicherheit für beide Parteien und ist insoweit für beide Parteien vollkommen fair, weil zugemutet werden kann, im Falle des Bestehens von Ansprüchen diese innerhalb von 3 Monaten geltend zu machen. Kürzere Fristen sind diesbezüglich unzulässig, längere Fristen oft nicht sinnvoll, weil die Wirkung des Ausschlusses dann geringer wird.

Ferner bietet es sich an, in den Arbeitsvertrag eine Begrenzung des Urlaubsanspruchs einzubauen. So sollte bekannt sein, dass in dem Fall, dass das Arbeitsverhältnis das vollständige erste Halbjahr bestanden hat und die Beschäftigung auch noch zumindest am 01.07. des Jahres stattfindet, Anspruch des Arbeitnehmers auf den ganzen Jahresurlaub besteht. Allerdings kann dies im Vertrag anders geregelt werden. So kann festgehalten werden, dass Urlaub anteilig nach gearbeiteten Monaten gewährt wird, so dass beispielsweise bei einem Austritt des Arbeitnehmers aus dem Arbeitsverhältnis zum 31.07. eines Jahres, nur 7/12 des Jahresurlaubsanspruchs entstanden sind, statt des ganzen Jahresurlaubsanspruchs. Eine derartige Regel kann also ohne weiteres erhebliche Ersparnisse für die Arbeitgeber mit sich bringen. Dabei ist auch eine solche Regel nicht unfair, weil der Arbeitnehmer bei der Aufnahme eines neuen Arbeitsverhältnisses wieder anteilig Urlaubsansprüche erhält und somit insgesamt bei seinen Urlaubsansprüchen keine Einbußen befürchten muss. Würde man eine solche Begrenzung im Arbeitsvertrag nicht vorsehen, würde der Arbeitnehmer viel mehr Urlaub erhalten, als ursprünglich angedacht war.

Zusätzlich bietet es sich unbedingt an, als Anlage zum Arbeitsvertrag eine Versorgungsordnung mit in den Vertrag einzubeziehen.

Unter einer Versorgungsordnung ist zu verstehen, dass der Arbeitgeber für den Betrieb Regeln für die betriebliche Altersvorsorge festlegt. Hierbei handelt es sich um ein wichtiges Instrument eines Arbeitgebers, mit welchem dieser zum einen Arbeitnehmer für den Betrieb gewinnen kann, jedoch auch bestehende Arbeitsverhältnisse ausweiten oder festigen kann. Der Gesetzgeber gibt dem Arbeitnehmer die Möglichkeit, im Rahmen einer Versorgungsordnung Regelungen zu treffen, welche dann individuell in dem Betrieb gelten. Derart zu verfahren ist absolut sinnvoll. Das Thema der Versorgungsordnung wird im

Kapitel der betrieblichen Altersvorsorge noch weiter beleuchtet. Die Wirkung der betrieblichen Altersvorsorge als Bindungsinstrument an den Betrieb bzw. Akquisemittel für den Betrieb darf nicht vernachlässig werden. Mithin gab es schon viele Betriebe, welche durch das Anbieten einer besseren betrieblichen Altersvorsorge bei der Ableistung von mehr Arbeitsstunden durch die bestehenden Mitarbeiter dafür sorgen konnte, dass die Mitarbeiter mehr Arbeitszeit zur Verfügung gestellt haben und somit mehr therapeutische Kapazitäten vorhanden waren, ohne überhaupt neue Mitarbeiter zu finden. In Zeiten des Fachkräftemangels handelt es sich also um ein extrem wertvolles Instrument.

II. Arbeitszeit

Betreffend der Vergütung von Überstunden sollte bekannt sein, dass diese nur vom Arbeitgeber zu vergüten sind, sofern sie vom Arbeitgeber angewiesen wurden oder genehmigt worden sind. Überstunden, welche vom Arbeitnehmer ohne Anweisung oder Genehmigung durchgeführt werden, müssen nicht vergütet werden. Folglich sollten insbesondere Arbeitnehmer darauf achten, dass die Anweisung oder Genehmigung der Überstunden festgehalten wird und später entsprechendes nachgewiesen werden kann, weil ansonsten der Arbeitnehmer damit rechnen muss, eine Vergütung nicht zu erhalten. Hierfür bietet sich die Führung von Stundenzetteln an, welche von beiden Parteien regelmäßig besprochen und abgezeichnet werden, um Ärger zu vermeiden.

Betreffend der bereits angesprochenen Stundenzettel geht die Rechtsprechung übrigens in die Richtung, dass der Arbeitgeber dazu verpflichtet ist, diese Stundenzettel binnen einer Woche nach Vorlage zu kontrollieren. Sollte eine solche Kontrolle nicht stattfinden und eine Beanstandung durch den Arbeitgeber ausbleiben, gehen immer mehr Gerichte davon aus, dass eine Vergütung dieser Überstunden akzeptiert wird und dann auch geschuldet ist. Sollte also ein Arbeitgeber einen Stundenzettel vom Arbeitnehmer vorgelegt bekommen, in welchem beispielsweise die Stunden für einen abgelaufenen Monat festgehalten und dokumentiert wurden, sollte der Arbeitgeber die Kontrolle zwingend binnen einer Woche nach Vorlage vornehmen und Beanstandungen vortragen, weil er ansonsten in die Situation geraten könnte, Stunden vergüten zu müssen, welche der Arbeitnehmer möglicherweise fehlerhaft aufgezeichnet hat.

Nachdem die Überstunden bereits besprochen wurden, soll es nunmehr um die Minusstunden gehen. Nicht wenige Arbeitgeber versuchen, das Risiko der nicht hinreichenden Auslastung von Arbeitnehmern auf diese zu übertragen. Dies ist jedoch gesetzlich nicht vorgesehen. Das Risiko der hinreichenden Beschäftigung der Arbeitnehmer trägt grundsätzlich der Arbeitgeber. Viele Betriebe arbeiten mit Plus- und Minusstunden. Sofern dies auf Vertrauensbasis stattfindet und alle Parteien damit einverstanden sind und sich nicht streiten, ist dieses Vorgehen vollkommen unkritisch. Wenn es jedoch dann einmal zu Streit kommt, hat der Arbeitgeber oft das Nachsehen, sofern es sich nicht um Überstunden, sondern um Minusstunden handelt. Die Überstunden werden nämlich behandelt, wie es bereits dargestellt wurde, die Minusstunden allerdings dürfen dann nur berücksichtigt werden, wenn diese nachweisbar auf Wunsch des Arbeitnehmers entstanden sind oder dieser ausdrücklich und nachweisbar erklärt hat, dass er mit der Abarbeitung und Ableistung weniger Stunden auch einverstanden ist. Sollte entsprechendes jedoch nicht dokumentiert oder nachweisbar sein, zieht der Arbeitgeber den Kürzeren. Es ist ohne weiteres möglich, dauerhaft mit Plus- und Minusstunden zu arbeiten. Es bedarf dann allerdings eines Arbeitszeitkontos, welches im Arbeitsvertrag konkret geregelt ist. Hierbei muss dann allerdings genau im Arbeitsvertrag geregelt werden, wie Plus- und

Minusstunden entstehen und alle entsprechenden Folgen sind ebenso festzuhalten. Der Umfang der Regelungen in einem Arbeitsvertrag entspricht regelmäßig bei üblicher Schriftgröße schon einer DIN A4-Seite und somit einem nicht unerheblichen Teil des Arbeitsvertrages. So ist dann festzuhalten, wie es zu den Plusstunden oder den Minusstunden kommt. Gleichsam ist festzuhalten, wie lange der Betrachtungszeitraum ist und es ist zu regeln, wie die Stunden miteinander verrechnet werden bzw. ob es zu einer Auszahlung kommt oder einem Freizeitausgleich im Falle der Überstunden und wie mit den Minusstunden umzugehen ist. Hier kann dann beispielsweise geregelt werden, ob diese nachgearbeitet werden müssen oder ein Gehaltsabzug gerechtfertigt ist. All dies ist recht komplex und kann ohne weiteres geregelt werden. Somit kann auch ein Stück weit das Risiko der nicht hinreichenden Auslastung der Praxis auf den Arbeitnehmer übertragen werden. Dies geschieht allerdings nur in begrenzter Art und Weise und muss dann eben im Arbeitsvertrag genau festgehalten werden. Dabei ergibt sich in der täglichen Praxis noch das Problem, wie lange die Ankündigungszeit von Minusstunden ist. Manche Gerichte erwarten an dieser Stelle eine Ankündigungsfrist bei der Festlegung von Minusstunden von einer Woche. Sofern bei einer Streitigkeit eine derart lange Ankündigungsfrist als notwendig angesehen wird, macht es in vielen Situationen schon keinen Sinn mehr, ein Arbeitszeitkonto zu vereinbaren, weil das Entstehen von Minusstunden meist erst in Zeiträumen offenkundig wird, welche kürzer sind als eine Woche.

Betreffend der Arbeitszeit ist inzwischen auch klar, dass die Fahrt in die Praxis nicht als Arbeitszeit anzusehen ist. Sollte sich allerdings der Arbeitnehmer nicht in die Praxis begeben, um dort seine Leistungen abzugeben, sondern beispielsweise von zu Hause aus in ein Heim fahren oder zu einem Hausbesuch, ist nach aktueller Rechtslage die Fahrtzeit bereits als Arbeitszeit einzustufen. Sollte der

Arbeitnehmer also beispielsweise eine halbe Stunde benötigen, um von Zuhause zur Praxis zu gelangen, gilt dies nicht als Arbeitszeit. Sollte er jedoch eine halbe Stunde benötigen, um von zu Hause in ein Heim zu fahren, um dort Leistungen abzugeben, gilt dieser Zeitraum als Arbeitszeit. Dies kann zu ganz erheblichen zusätzlichen Vergütungsansprüchen des Arbeitnehmers führen.

Beim Heimweg ist übrigens anders vorzugehen. Hier wird jeweils zu prüfen sein, wie viel Zeit vom letzten Termin bis nach Hause durch den Arbeitnehmer aufgewandt werden musste. Hiervon ist die Zeit abzuziehen, wie lange der Arbeitnehmer üblicherweise von der Praxis nach Hause braucht. Sollte hier dann eine längere Fahrt von dem Hausbesuch oder dem Heim nach Hause vorliegen, stellt die Differenz zusätzliche Arbeitszeit dar. Sollte der Arbeitnehmer schneller zuhause sein, als wenn er von der Praxis nach Hause gefahren wäre, führt dies nicht zu einem Abzug seiner Vergütung oder zu anderer Folgen. Gerade an dieser Stelle bietet es sich an, Ausschlussfristen im Vertrag festzulegen. Sollten nämlich Arbeitnehmer zu einem späteren Zeitpunkt beispielsweise zusätzliche Vergütungen für Fahrtstrecken verlangen oder zusätzliche Arbeitszeit vergütet haben wollen, kann eine Begrenzung dieser Ansprüche durch die Ausschlussregelung erwirkt werden, so dass dann maximal solche Ansprüche für die letzten drei Monate geltend gemacht werden können. Auch dies stellt nicht eine unfaire Situation zu Lasten des Arbeitnehmers dar, weil dieser schließlich von Anfang an die Ansprüche geltend machen kann und nicht warten muss, diese beim Arbeitgeber anzusprechen und geltend zu machen.

Während der Pandemie ist inzwischen auch geregelt worden, dass seit November 2021 keine Entgeltfortzahlungspflicht des Arbeitgebers entsteht, wenn ein Arbeitnehmer sich in Quarantäne wegen einer Corona-Infektion befindet und nicht geimpft ist. Die Politik wollte dadurch weitere Impfanreize schaffen.

III. Datenschutz im Arbeitsrecht

Während der Corona-Pandemie gab es offensichtlich wesentlich mehr Beschwerden bei den Aufsichtsbehörden (Landesdatenschutzbeauftragten). So mussten sich die Landesdatenschutzbeauftragten, wie die Presse mitteilte, vermehrt mit möglichen Datenschutzverstößen auseinandersetzen.

Dies mag eine Vielzahl von Gründen haben, nicht zuletzt möglicherweise auch die höhere Sensibilität, welche inzwischen in der Bevölkerung angekommen ist, sofern es um die Verarbeitung von Daten geht, jedoch auch ein möglicher Frust vieler Personen, welcher im Rahmen der Pandemie entstanden ist und vielleicht auch mehr Zeitkapazitäten, um Beschwerden zu äußern.

Während der Pandemie kam es jedoch auch vermehrt zu Datenschutzverstößen und Auseinandersetzungen mit dem Datenschutz im Rahmen des Arbeitsrechts, nicht zuletzt, als bekannt wurde, dass die einrichtungsbezogene Impfpflicht im Gesundheitswesen ab Mitte März 2022 Realität wurde und Arbeitgeber nicht dazu berechtigt sind, einen Impfausweis zu kopieren. Vielmehr sind Arbeitgeber dazu angehalten, sich eine entsprechende Impfbescheinigung vorlegen zu lassen und dann am besten auf einem eigenen Formular zu bestätigen, dass man den Impfschutz geprüft und zur Kenntnis genommen hat und dieses Formular zu unterschreiben und gleichsam den Arbeitnehmer unterschreiben zu lassen. Dies stellt allerdings nur einen kleinen Einblick in die Problematiken des Datenschutzes betreffend des Arbeitsrechts dar.

Faktisch müssen Arbeitnehmer zum Datenschutz geschult werden. Sollte es nämlich in einer Praxis zu einem Datenschutzverstoß kommen, was schnell geschehen ist, dann haften im Zweifel Arbeitgeber und Arbeitnehmer als Gesamtschuldner. Dadurch entstehen erhebliche Haftungsrisiken für alle im Betrieb Tätigen. Da nach Inkrafttreten der Datenschutzgrundverordnung ab dem 25.05.2018 die Höchststrafe für Datenschutzverstöße im Rahmen üblicher Fälle auf bis zu 20 Millionen Euro hoch gesetzt wurde, muss hier zwingend eine gewisse Sensibilität an den Tag gelegt werden. Vor Inkrafttreten der Datenschutzgrundverordnung lag die Höchststrafe noch bei 50.000,00 € und durch die besagten Änderungen wurde klar, dass politisch gewollt ist, dass höhere Strafen möglich sind, die auch umgesetzt werden.

Sollten Arbeitnehmer allerdings keinerlei Kenntnisse oder zumindest nicht hinreichende Kenntnisse vom Datenschutz haben, kommt es schnell zu Verstößen, welche empfindliche Forderungen nach sich ziehen können. So muss bewusst sein, dass zum einen die Aufsichtsbehörde Strafen verhängen kann, jedoch auch jeder Betroffene Schadensersatz- bzw. Schmerzensgeldansprüche bei einem Datenschutzverstoß geltend machen kann. Demnach droht Ungemach von mehreren Seiten und nicht zuletzt von Patienten und Kunden, welche zum Teil schon erkannt haben, dass Ansprüche geltend gemacht werden können.

Selbstverständlich können aber als Betroffene auch die Arbeitnehmer selbst gegen Arbeitgeber finanzielle Ansprüche geltend machen, wenn es im Betrieb zu Verstößen gegen den Datenschutz kommt und die Rechte der Arbeitnehmer verletzt werden. Die Praxis kommt somit nicht umhin, die Arbeitnehmer hinreichend zu schulen, so dass zumindest die größten Fettnäpfchen umgangen werden.

Arbeitnehmer müssen darüber hinaus eine Verpflichtung zum Datenschutz unterzeichnen, womit der Arbeitgeber sicherstellen kann, dass die Arbeitnehmer sich an datenschutzrechtliche Regelungen halten.

Weil allerdings davon ausgegangen werden muss, dass derartige Verpflichtungserklärungen nur unterzeichnet werden, sofern zumindest ein Mindestmaß an Schulung und Vermittlung von Informationen erfolgt, muss die Schulung zwingend zunächst stattfinden, bevor die Verpflichtung zum Datenschutz unterzeichnet werden kann. Demnach stellt sich gar nicht die Frage, ob die Mitarbeiter zum Datenschutz geschult werden. Dies ist eine Selbstverständlichkeit und endet dann mit der Unterzeichnung der Verpflichtungserklärung zum Datenschutz durch alle Arbeitnehmer.

Auch die Daten der Arbeitnehmer müssen geschützt werden.

So gibt es eine nicht unerhebliche Anzahl von Betrieben, in welchen die Daten der Arbeitnehmer vollkommen ungeschützt aufbewahrt werden und jeder Arbeitnehmer praktisch Zugriff auf die Daten der jeweils anderen Arbeitnehmer hat. Dies ist grob unzulässig und stellt eine erheblichen Datenschutzverstoß dar.

Die Daten der Arbeitnehmer sind so aufzubewahren und zu verarbeiten, dass Unberechtigte keinen Zugriff darauf haben. Somit dürfen im Betrieb die Daten der Arbeitnehmer nur von den Personen verarbeitet werden, welche in die Verwaltung der Arbeitnehmer eingebunden sind. Hierbei kann es sich um jemanden handeln, welcher mit der Buchhaltung betraut ist oder welcher sich um die Auszahlung der Löhne kümmert. Ansonsten dürfen Arbeitnehmer keinerlei sensible Daten anderer Arbeitnehmer erhalten oder Zugriff ermöglicht bekommen. Streng genommen darf ein Arbeitgeber andere Arbeitnehmer nicht einmal darüber informieren, aus welchen Gründen ein Arbeitnehmer beispielsweise zeitweise arbeitsunfähig ist. Es bietet sich an, die Daten der Arbeitnehmer in der EDV derart zu sichern, dass unberechtigte Dritte eben keinerlei Zugriff haben und die Papierunterlagen so zu verwahren, dass unberechtigte Arbeitnehmer keinen Zugriff darauf erhalten können.

Die Arbeitnehmer haben mitunter einen Anspruch darauf, über die Datenverarbeitung im Betrieb aufgeklärt zu werden. Dies sollte unbedingt schriftlich erfolgen, weil die

Nachweispflicht über die korrekte Aufklärung beim Arbeitgeber liegt.

Ohne die Unterzeichnung eines Formulars durch den Arbeitnehmer, kann faktisch der Arbeitgeber nicht beweisen, dass eine hinreichende Aufklärung erfolgt ist. Somit sollte zum einen eine schriftliche Aufklärung erfolgen und dann eine Bestätigung des Mitarbeiters eingeholt werden, welche dann zu den Personalakten genommen wird.

Darüber hinaus haben die Arbeitnehmer einen Anspruch darauf zu erfahren, welche Daten von ihnen im Betrieb verarbeitet werden und wie dies erfolgt.

Arbeitgeber, welche datenschutzrechtlich nicht hinreichend aufgestellt sind, können erhebliche Probleme bekommen. So ist natürlich seitens jedes Betriebes, welcher personenbezogene Daten verarbeitet, und dies dürfte bei jedem Betrieb und insbesondere bei jeder Praxis der Fall sein, eine datenschutzrechtliche Dokumentation anzufertigen und vorzuhalten sowie stets aktuell zu halten. Dies betrifft zum einen das Verzeichnis von Verarbeitungstätigkeiten (VVT) wie auch die Liste der technischen und organisatorischen Maßnahmen (TOMS) und die Aufklärung aller entsprechend Betroffener wie Mitarbeiter, Patienten, Kunden und auch Bewerber. Hinzu kommt noch der Abschluss von sogenannten Auftragsverarbeitungsverträgen mit externen Dienstleistern, welche Daten der Praxis verarbeiten. Ohne eine solche Dokumentation, welche seit dem 25.05.2018 in jedem Betrieb, egal welcher Größe, Pflicht ist, läuft man ohnehin Gefahr, früher oder später erhebliche Probleme beim Thema Datenschutz zu bekommen und hierfür teuer bezahlen zu müssen. Hier sollte selbstverständlich sein, dass jede Praxis hinreichend aufgestellt ist, wobei leider eine nicht unerhebliche Zahl von Praxen in Deutschland alles andere als fit bei diesem Thema ist.

Abschließend sollte bewusst sein, dass Fotos von Arbeitnehmern nur verwendet werden dürfen, wenn eine hinreichende, schriftliche Einwilligung des Arbeitnehmers vorliegt.

Hierbei muss u. a. erläutert werden, um welche Fotos es sich handelt, wo diese verwendet werden, wer Zugriff darauf hat und es darf nicht vergessen werden, dass der Arbeitnehmer darauf hingewiesen werden muss, dass er weder abgemahnt noch gekündigt wird, falls er nicht sein Einverständnis mit der Nutzung der Fotos erklärt. Sollte eine ausreichende Erklärung fehlen, kann dies bei der Nutzung von Fotos zu erheblichen Schmerzensgeld- bzw. Schadensersatzansprüche eines Arbeitnehmers gegen den Arbeitgeber führen. In diesem Bereich liegen bereits einige gerichtliche Fälle vor.

Sollte also der Arbeitgeber merken, dass er in diesem Bereich Nachbesserungsbedarf hat, sollte er sich zwingend beraten lassen, weil das Thema des Datenschutzes im Heilwesen sehr komplex ist und nur bei der Hinzuziehung von entsprechenden Spezialisten damit gerechnet werden kann, dass alle Regeln eingehalten werden. Entsprechend qualifizierte Berater unterstützen bei der Erstellung sämtlicher Dokumentationen und Formulare zum Datenschutz für die Praxis und erstellen zudem eine Hausaufgabenliste, welche nach einem Besuch der Praxis übermittelt werden kann und anschließend vom Praxisinhaber abgearbeitet werden kann, um größtmögliche Sicherheit zu erhalten und nicht Gefahr zu laufen, in diesem Bereich Ärger zu bekommen.

Teilweise ist es sogar möglich, diese Beratungsleistungen staatlich fördern zu lassen und die Kosten hierfür zu senken. Hier kommt es allerdings auf den Einzelfall an.

IV. Kündigung

Gerade aufgrund des Fachkräftemangels sind die meisten Praxisinhaber überaus froh, überhaupt über hinreichend qualifiziertes Personal zu verfügen. Realität ist aber auch, dass sich Arbeitgeber aufgrund von Fehlverhaltensweisen der Arbeitnehmer von diesen Arbeitnehmern in gar nicht so wenigen Fällen trennen wollen. Dabei sind gewisse Grundzüge betreffend des Kündigungsrechts vom Arbeitgeber zu berücksichtigen, weshalb diese Grundzüge nun im Folgenden dargestellt werden sollen.

Dabei ist zunächst festzuhalten, dass am besten in einem Arbeitsvertrag einfach auf die gesetzlichen Kündigungsfristen verwiesen wird, weil zu Lasten eines Arbeitnehmers von den gesetzlichen Regeln betreffend der Kündigung ohnehin nicht abgewichen werden darf. Die entsprechenden Regelungen ergeben sich im Wesentlichen aus dem § 622 BGB.

Zunächst können die Parteien eine Probezeit vereinbaren. Diese Probezeit darf maximal 6 Monate andauern. Ein kürzerer Zeitraum ist möglich, ein längerer nur in absoluten Sonderfällen, falls der Arbeitnehmer beispielsweise eine Großteil der Arbeitszeit im Rahmen der Probezeit ausgefallen ist. Dies dürfte allerdings nur sehr selten der Fall sein. Demnach sollte davon ausgegangen werden, dass die maximale Grenze bei der Probezeit bei 6 Monaten liegt. Es muss dann im Vertrag schriftlich geregelt werden, dass eine Probezeit gilt und wie lange diese andauert. Sollte hierzu keine Regelung im Vertrag vorliegen, wird davon ausgegangen, dass eine Probezeit gerade nicht vereinbart ist. Diese muss als explizit im Arbeitsvertrag festgehalten werden. Eine Regelung zur Kündigungsfrist während der Probezeit ist allerdings nicht notwendig. Das Gesetz sieht hier eine Frist von 2 Wochen Kündigungsfrist für beide Parteien im Rahmen der Probezeit vor. Eine Verlängerung dieser Frist ist grundsätzlich möglich, allerdings eher nicht sinnvoll. Eine Verkürzung zu Lasten des Arbeitnehmers ist allerdings nicht statthaft.

Sobald die Probezeit beendet ist, ergibt sich aus dem Gesetz zunächst eine Kündigungsfrist von 4 Wochen zum 15.

oder zum Ende eines Kalendermonats. Diese Frist gilt für beide Parteien.

Für den Arbeitgeber verlängert sich die Kündigungsfrist allerdings, sofern das Arbeitsverhältnis dann mindestens 2 Jahre bestanden hat. Nach 2 Jahren verlängert sich die Kündigungsfrist auf 1 Monat zum Ende des Kalendermonats. Weitere Verlängerungen ergeben sich ebenso aus dem Gesetz. So beträgt die Kündigungsfrist nach einem Bestehen des Arbeitsverhältnisses für 5 Jahre 2 Monate zum Ende des Kalendermonats. Nach 8 Jahren des Bestehens des Arbeitsverhältnisses verlängert sich die Kündigungsfrist auf 3 Monate zum Ende des Kalendermonats. Nach 10 Jahren des Bestehens verlängert sich die Kündigungsfrist auf 4 Monate zum Ende des Kalendermonats, nach 12 Jahren des Bestehens verlängert sich die Kündigung auf 5 Monate zum Ende des Kalendermonats, nach 15 Jahren des Bestehens des Arbeitsverhältnisses verlängert sich die Kündigungsfrist auf 6 Monate zum Ende des Kalendermonats und nach 20 Jahren des Bestehens des Arbeitsverhältnisses beläuft sich die Kündigungsfrist auf 7 Monate zum Ende des Kalendermonats. Weitere Verlängerungen sind im Gesetz nicht geregelt.

Die Kündigungsfrist kann für beide Seiten länger ausgestaltet sein, als im Gesetz geregelt ist. Eine Verkürzung der Frist zu Lasten des Arbeitnehmers ist hingegen nicht gestattet.

Der Arbeitsvertrag kann vorsehen, dass sich die Verlängerung der Kündigungsfrist nicht nur auf den Arbeitgeber auswirkt, sondern auch auf den Arbeitnehmer und für den Arbeitnehmer dann auch die Verlängerung der Fristen gilt. Ob dies wirklich sinnvoll ist, darf im Regelfall bezweifelt werden. Sollte also ein Arbeitnehmer dem Arbeitgeber vermitteln, dass dieser keinerlei Interesse mehr hat im Betrieb tätig zu sein, ist aus arbeitsrechtlicher Sicht meist der Abschluss eines kurzfristigen Auflösungsvertrages sinnvoll, weil in vielen Fällen das Arbeitsverhältnis bis zum Ende der eigentlich geplanten Kündigungsfrist nicht gedeihlich zu Ende geführt werden kann. In den wenigsten Arbeitsverhältnissen würde eine vernünftige Abwicklung tatsächlich funktionieren. Die schnellstmögliche Trennung beider Vertragsparteien bietet sich im Regelfall an. Dies kann auch einvernehmlich nicht unbedingt sofort erfolgen, sondern zu einem bald stattfindenden Zeitpunkt, sofern beide Parteien hinreichende Disziplin haben, bis dahin ordentlich miteinander umzugehen und vernünftig zusammenzuarbeiten.

Unbedingt muss zudem beachtet werden, dass auch bei einer Betriebsschließung die Kündigungsfristen einzuhalten sind. Dabei darf noch darauf hingewiesen werden, dass unabhängig von der Größe eines Betriebes die dargestellten Kündigungsfristen Geltung beanspruchen und eben auch bei der Schließung des Betriebs eine Verkürzung der Fristen nicht möglich ist und Schließung einer Praxis nicht dazu führt, dass das Arbeitsverhältnis automatisch endet. Sollte man die Kündigung vergessen, läuft im Zweifel das Arbeitsverhältnis weiter und der ehemalige Arbeitgeber ist verpflichtet, weiterhin den Lohn bis zum Ende des Arbeitsverhältnisses zu zahlen, selbst, wenn er gar keine Praxis mehr betreibt. Somit sollte, sofern feststeht, dass eine Praxis geschlossen wird und sich kein Nachfolger findet, an die rechtzeitige Kündigung gedacht werden. Sollte die Praxis an einen Nachfolger übergeben werden, findet üblicherweise juristisch ein Betriebsübergang statt, der insoweit rechtlich geregelt ist, dass der neue Praxisinhaber in alle Rechte und Pflichten des alten Praxisinhabers eintritt und man praktisch so tut, als wären die Mitarbeiter schon immer bei dem neuen Praxisinhaber beschäftigt. Auch die Dauer der Betriebszugehörigkeit wird dann entsprechend übernommen.

Eine nicht unerhebliche Anzahl von Kündigungen scheitert darüber hinaus daran, dass es zu einer rechtzeitigen oder ordnungsgemäßen Zustellung nicht gekommen ist.

So ist der Arbeitgeber grundsätzlich dazu verpflichtet, den Zugang einer Kündigung nachzuweisen sowie eben auch deren Inhalt. Viele Arbeitgeber wählen dafür den Weg des Einschreibens, egal ob es sich um ein Einwurfeinschreiben oder Einschreiben mit Rückschein handelt. Diese Art der Kündigung ist allerdings abzulehnen, weil damit im Regelfall nur nachgewiesen werden kann, dass die deutsche Post einen Briefumschlag vom Arbeitgeber an den Arbeitnehmer zugestellt hat. Der Inhalt des Briefumschlags kann damit nicht belegt werden. Da es sich bei einer Kündigung um einen sehr wichtigen Vorgang handelt, wobei eben auch der konkrete Inhalt des Kündigungsschreibens eine Rolle spielt, sollte entweder die Kündigung vom Arbeitgeber dem Arbeitnehmer ausgehändigt werden und der Arbeitgeber sollte den Arbeitnehmer um Quittierung des Erhalts auf einem gesonderten Exemplar bitten. Denkbar wäre auch noch, dass die Kündigung unter Zeugen dem Arbeitnehmer übergeben wird und der Zeuge sich vorher die Kündigung angesehen hat und im Zweifelsfall bestätigen könnte, welchen Inhalt die Kündigung hatte. Die letzte Möglichkeit ist, dass ein Zeuge, welcher den Inhalt der Kündigung zur Kenntnis genommen hat, die Kündigung beim Arbeitnehmer einwirft. So gehen Gerichte davon aus, dass jeder Bürger und jedes Unternehmen täglich einmal den Briefkasten leert bzw. zu leeren hat. Sollte also beispielsweise ein Brief mittags eingeworfen werden, könnte davon ausgegangen werden, dass der Empfänger des Briefs bereits vorher an dem Tag den Briefkasten geleert hat. Damit würde allerdings ein Zugang spätestens am Folgetag angenommen werden. Sofern jemand dann am Folgetag seinen Briefkasten nicht leert, ist dies sein Problem und nicht das Problem des Absenders. Ein Zeuge könnte allerdings dann darüber Auskunft geben, was Inhalt der Kündigung war und wann diese eingeworfen wurde, so dass spätestens für den darauffolgenden Tag der Zugang angenommen werden kann. Anders wäre es nur zu beurteilen, wenn der Kündigende weiß, dass der

Empfänger definitiv nicht den Briefkasten leert, weil dieser z. B. in einem Krankenhaus oder im Urlaub ist. Jedoch muss in gewisser Weise auch in einem solchen Zeitraum sichergestellt werden, dass jemand den Briefkasten leert und der Empfänger Kenntnis von einem solchen Schreiben erhält. Somit hilft die Ortsabwesenheit dem Empfänger im Regelfall dann doch nicht. Beachtet werden muss selbstverständlich auch, dass nicht unbedingt jeder von der Kündigung eines Arbeitsverhältnisses erfahren darf. Sollte sich also der Arbeitgeber einer Person bedienen, welche die Kündigung liest und einwirft, sollte es sich um eine Person handeln, welche grundsätzliche diese Informationen auch erhalten darf. Hier bietet sich die Einbeziehung einer Person an, welche ohnehin mit Personalangelegenheiten im Betrieb vertraut ist. Nichts ist jedenfalls ärgerlicher, wenn eine Kündigung ausgesprochen wird und weder der Zugang noch der Zugangszeitpunkt bewiesen werden kann. Im Zweifel wird dann so verfahren, dass der Kündigende keinerlei Rechte aus der Kündigung herleiten kann, was ihm jedoch eigentlich sehr wichtig wäre.

Immer wieder stellt sich auch die Frage, ob eine Kündigung begründet werden muss. Dies ist im Regelfall gerade nicht notwendig und nur zwingend notwendig, wenn das Kündigungsschutzgesetz Anwendbarkeit findet.

Sollte das Kündigungsschutzgesetz einschlägig sein, bedarf es einer Kündigung, in welcher eine Sozialauswahl darzustellen ist oder ein besonders gravierendes persönliches Fehlverhalten des Arbeitnehmers vorliegt, welches dem Arbeitgeber unzumutbar macht, das Arbeitsverhältnis aufrecht zu erhalten. Im Rahmen einer Sozialauswahl wäre jedenfalls darzustellen, weshalb der zu kündigende Arbeitnehmer weniger sozial schutzwürdig ist als andere Personen im Betrieb, die vergleichbare Tätigkeiten ausübt. Die Erfahrung zeigt, dass die Person, welche gekündigt werden soll, üblicherweise nicht unbedingt die Person ist, welche sozial am wenigsten schutzwürdig ist, so dass die

Sozialauswahl häufig zugunsten der Person ausgeht, welche eigentlich gekündigt werden soll und somit nicht im Rahmen einer tauglichen Kündigungsbegründung Verwendung finden kann. Auch sind regelmäßig die persönlichen Fehlverhaltensweisen gar nicht gegeben oder haben nicht eine derartige Tragweite, dass diese zu einer Kündigung berechtigten. In einem solchen Fall würde, sofern ein gekündigter Arbeitnehmer eine Kündigungsschutzklage vor dem Arbeitsgericht anstrebt, das Gericht vorschlagen, dass eine Abfindung gezahlt wird, damit das Arbeitsverhältnis einvernehmlich sein Ende findet. Derartiges schlagen jedenfalls Gerichte stets vor, wenn eine Kündigung mangels persönlicher Verfehlungen oder mangels hinreichender Sozialauswahl eigentlich nicht möglich wäre, jedoch ein gedeihliches Zusammenarbeiten nicht mehr zu erwarten ist. Die sogenannte Regelabfindung beläuft sich in einem solchen Fall übrigens auf ein halbes Bruttomonatsgehalt pro Beschäftigungsjahr. Allerdings handelt es sich dann hier nur um einen Vorschlag, welcher üblicherweise von Arbeitsgerichten im Rahmen eines Gütetermins vorgebracht wird. Sofern die Parteien nicht bereit sind, einen solchen Vorschlag zu akzeptieren, kommt es schlechterdings zu einer solchen Einigung nicht. Dann hat das Arbeitsverhältnis wohl oder übel Bestand.

Es bleibt also noch zu klären, wann überhaupt das Kündigungsschutzgesetz einschlägig ist. Hier ist festzuhalten, dass nach aktueller Rechtslage zu klären ist, ob mehr als 10 Mitarbeiter im Rahmen einer Vollzeitäquivalente beschäftigt sind. Es kommt somit nicht auf die Anzahl der Mitarbeiter nach Köpfen an, sondern dass rechnerisch mehr als 10 Vollzeitbeschäftigte im Betrieb regelmäßig tätig sind. Die Berechnungsformel sieht vor, dass alle Arbeitnehmer, welche bis zu 20 Wochenstunden im Betrieb tätig sind, mit 0,5 gezählt werden. Alle Mitarbeiter, welche mehr als 20 Stunden pro Woche arbeiten, jedoch maximal 30 Stunden, werden mit 0,75 gezählt und alle Arbeitnehmer, welche mehr als 30 Stunden regelmäßig pro Woche tätig sind, jedoch maximal 40 Stunden, werden mit 1 gezählt. Der Praxisinhaber wird bei der Berechnung jedenfalls nicht mitgezählt, sofern es sich um einen Einzelunternehmer handelt. Sollte man mit dieser Berechnung auf mehr als 10 kommen, wäre das Kündigungsschutzgesetz einschlägig.

Es wäre somit beispielsweise sogar denkbar, dass in einem Betrieb 20 Arbeitnehmer als geringfügig Beschäftigte tätig sind, jedoch das Kündigungsschutzgesetz dann nicht gilt, weil nach der Berechnungsformel insgesamt nicht mehr als 10 Vollzeitbeschäftigte im Betrieb tätig sind. Sollte jedoch ein Arbeitnehmer dann regelmäßig mehr als 20 Stunden tätig sein, würde dann zumindest nach der Berechnung ein Wert von 10,25 vorliegen und somit das Kündigungsschutzgesetz Geltung beanspruchen.

Für viele Betriebe ist dies jedoch ohne Belang, weil diese gar nicht so viele Mitarbeiter beschäftigen. Es darf allerdings noch darauf hingewiesen werden, dass bei der Anzahl der Mitarbeiter keine Begrenzung auf therapeutische Mitarbeiter vorgenommen wird, sondern dass alle Arbeitnehmer, welche tatsächlich angestellt sind, zu berücksichtigen sind. Klarstellenderweise mag darauf hingewiesen werden, dass im Falle der nicht vorliegenden Voraussetzungen zur Anwendung des Kündigungsschutzgesetzes eben die Kündigung ohne jegliche Begründung zulässig ist.

Hartnäckig hält sich zudem das Gerücht, dass eine Kündigung während einer Arbeitsunfähigkeit des Arbeitnehmers nicht statthaft ist. Dies ist allerdings eine Fehlannahme.

Auch während einer Arbeitsunfähigkeit darf das Arbeitsverhältnis durch den Arbeitgeber beendet werden. Dies ist sogar unbedingt zu empfehlen, sofern von einer lang andauernden Arbeitsunfähigkeit auszugehen und nicht absehbar ist, wann der Arbeitnehmer wieder seine Arbeitskraft zur Verfügung stellen kann. Während einer Arbeitsunfähigkeit laufen nämlich die Urlaubsansprüche weiter. Sofern ein Arbeitnehmer also beispielsweise mehrere Jahre arbeitsunfähig ist und dann aus dem Betrieb ausscheidet, müssen möglicherweise Urlaubsansprüche aus mehreren Jahren abgegolten werden. Somit sollte sich das Mitleid des Arbeitgebers in Grenzen halten, weil dieser sich zu einem späteren Zeitpunkt ansonsten ärgern wird, dass er eine Urlaubsabgeltung vornehmen muss, obwohl der Arbeitnehmer gar nicht mehr zur Verfügung stand. Eine Kündigung wegen einer Krankheit kann allerdings nur schwerlich durchgesetzt werden. Hier muss davon ausgegangen werden, dass der Arbeitnehmer seine Arbeitsleistung dauerhaft nicht erbringen kann. Nachweispflichtig ist hier im Regelfall der Arbeitgeber, welcher derartiges üblicherweise gerade nicht beweisen kann.

Ausdrücklich sei im Rahmen des Kündigungsrechts noch darauf hingewiesen, dass wenig Sorge bestehen muss, wenn man einen schwerbehinderten Arbeitnehmer beschäftigen möchte.

So schrecken viele Arbeitgeber davor zurück, schwerbehinderte Arbeitnehmer zu beschäftigen, weil das Gerücht besteht, dass man diese schwerlich wieder kündigen kann. Dem ist jedoch im Regelfall gerade nicht so.

Im Rahmen der Probezeit hat ein schwerbehinderter Arbeitnehmer keinen höheren Kündigungsschutz als ein nicht schwerbehinderter Arbeitnehmer. Sollte die Probezeit allerdings abgelaufen sein, gestaltet sich die Kündigung eines schwerbehinderten Arbeitnehmers etwas komplizierter, jedoch letztlich nicht sonderlich aufwendiger. So muss vor dem Ausspruch der Kündigung des Arbeitsverhältnisses durch den Arbeitgeber das Integrationsamt einbezogen werden. Das örtlich zuständige Integrationsamt muss insoweit vom Arbeitgeber kontaktiert und darum gebeten werden, einer Kündigung zuzustimmen. Dabei hat das Integrationsamt ausschließlich die Aufgabe festzustellen, ob die beabsichtigte Kündigung gerade wegen der Schwerbehinderung erfolgt. Genau dies ist nämlich im Regelfall nicht zulässig. Sollte beispielsweise ein blinder Arbeitnehmer dadurch aufgefallen sein, dass er mehrere Gegenstände im Betrieb beschädigt hat, weil er diese umgeworfen hat und diese dabei zu Bruch gegangen sind, muss damit in einem Betrieb zwingend gerechnet werden, wenn ein blinder Arbeitnehmer beschäftigt wird. Sollte also der Arbeitgeber dann darstellen, dass er deshalb den Arbeitnehmer kündigen will, würde das Integrationsamt gerade nicht zustimmen und die Kündigung könnte wirksam nicht erklärt werden. Sollte allerdings der blinde Arbeitnehmer täglich 10 Minuten zu spät zur Arbeit erscheinen, würde das Integrationsamt der Kündigung zustimmen, weil auch ein blinder Arbeitnehmer pünktlich seinen Dienst zu verrichten hat. Sobald das Integrationsamt einbezogen wurde und dieses seitens des Arbeitgebers erklärt bekommen hat, warum die Kündigung ausgesprochen werden soll, kontaktiert das Integrationsamt den zu kündigenden schwerbehinderten Arbeitnehmer und gibt diesem die Möglichkeit, sich zu dem Vorgang zu äußern. Wenn allerdings offenkundig ist, dass die Kündigung eben nicht wegen der Schwerbehinderung erfolgt, wird die Zustimmung erteilt und nach Eingang der Zustimmung zur Kündigung, kann das Arbeitsverhältnis ganz regulär gekündigt werden. Somit muss gerade keine Sorge bestehen, dass man einen schwerbehinderten Arbeitnehmer »nicht mehr los wird«. Es ist vielmehr festzustellen, dass im Gesundheitswesen eine Vielzahl hochqualifizierter Arbeitnehmer zur Verfügung stehen, welche schwerbehindert sind und welchen man durchaus eine Chance im Betrieb geben kann, was man als Arbeitgeber im Regelfall alles andere als bereut. Sollte es dann doch einmal nicht so laufen, wie man es sich vorgestellt hat, besteht immer noch die Möglichkeit der Kündigung gemäß der obigen Darstellung.

Die aktuelle Rechtsprechung bietet darüber hinaus neue Möglichkeiten für Arbeitgeber, sofern im Zusammenhang mit der Kündigung eine Arbeitsunfähigkeitsbescheinigung des Arbeitnehmers vorgelegt wird.

So haben sich so manche Arbeitgeber schon darüber geärgert, dass unmittelbar im Zusammenhang mit einer vom Arbeitgeber oder Arbeitnehmer ausgesprochenen Kündigung eine Arbeitsunfähigkeitsbescheinigung vorgelegt wird und der Arbeitnehmer somit die Zeit bis zum Ausscheiden nicht mehr zur Verfügung steht. Manche Arbeitgeber empfinden dies sogar als eine Art Rache des Arbeitnehmers. Genau deshalb besagt die aktuelle höchstrichterliche Rechtsprechung, dass hier nunmehr ein Umdenken stattgefunden hat.

Sollte also in unmittelbarem zeitlichen Zusammenhang mit einer erklärten Kündigung eine Arbeitsunfähigkeitsbescheinigung des Arbeitnehmers vorgelegt werden und bestehen gerade aufgrund dieses zeitlichen Zusammenhang Bedenken seitens des Arbeitsgebers dagegen, dass die Arbeitsunfähigkeit tatsächlich vorgelegen hat, kann der Arbeitgeber das tatsächliche Vorliegen der Arbeitsunfähigkeit bestreiten mit der Folge, dass er eine Entgeltfortzahlung nicht vornimmt. Dies wiederum führt dann dazu, dass ein Arbeitnehmer, welcher Entgeltfortzahlungsansprüche geltend machen will, auf den Gerichtsweg zu verweisen ist und dort im Rahmen des Klageverfahrens eine Beweislastumkehr zu verzeichnen ist. Dies bedeutet, dass nicht der Arbeitgeber beweisen muss, dass der Arbeitnehmer eigentlich nicht arbeitsunfähig ist. Vielmehr muss der Arbeitnehmer in einem solchen Fall beweisen, dass er tatsächlich arbeitsunfähig war. Dies kann ihm letztlich nur gelingen, wenn der Arzt, welcher die Arbeitsunfähigkeit festgestellt hat, als Zeuge benannt und vorgeladen wird und vor Gericht als Zeuge ganz genau erläutert und bestätigt, dass eine Arbeitsunfähigkeit vorgelegen hat und dass diese eben in der Tat festgestellt wurde. Da allerdings in derartigen Fällen tatsächlich davon auszugehen ist, dass es in gar nicht so wenigen Fällen zu der Ausstellung von Gefälligkeitsattesten durch Ärzte kommt, werden sich die Ärzte bei der Vorladung durch das Gericht davor hüten, vor Gericht zugunsten des Patienten aussagen zu wollen und werden mit an Sicherheit grenzender Wahrscheinlichkeit eher den Arbeitnehmer davon überzeugen wollen, dass der Arzt gerade nicht in den Zeugenstand gerufen wird, weil es dann zu Problemen für den Arzt kommen kann. Sollte der Arzt allerdings eben nicht zur Verfügung stehen, um zeugenschaftlich die tatsächliche Arbeitsunfähigkeit ohne Zweifel zu bestätigen, würde die Entgeltfortzahlungspflicht entfallen und der Arbeitgeber muss in einem solchen Fall gerade keine Entgeltfortzahlung vornehmen. Die aktuelle Rechtsprechung hierzu verbessert also die Rechte der Arbeitgeber enorm.

V. Urlaub

Auch zum Thema des Urlaubs sind gesetzlich eine Vielzahl von Regelungen bereits verbindlich festgelegt, von welchen im Regelfall nur zugunsten der Arbeitnehmers abgewichen werden darf.

So besteht zunächst ein Mindesturlaubsanspruch für jeden Arbeitnehmer, welcher sich nicht an den gearbeiteten Stunden orientiert, sondern an den regelmäßig zu erbringenden bzw. erbrachten Arbeitstagen. Das Gesetz geht an dieser Stelle davon aus, dass ein Mindesturlaub von 4 Wochen besteht, wobei sich das Gesetz hier sehr kompliziert ausdrückt. Gemeint ist letztlich mit den gesetzlichen Regelungen, dass jedem Arbeitnehmer Anspruch auf mindestens 4 Wochen Urlaub pro Jahr zustehen. Dabei spielt es keine Rolle, ob es sich um einen geringfügig Beschäftigten handelt oder um einen Vollzeitarbeitnehmer.

Dabei ist die Berechnung des Urlaubs relativ einfach. Festgestellt werden muss zunächst nur die Anzahl der Tage, welche ein Arbeitnehmer üblicherweise pro Woche arbeitet und diese Anzahl an Tagen wird dann mit 4 multipliziert. Ein Arbeitnehmer, welcher also beispielsweise immer nur einen Tag pro Woche arbeitet, hat dann 4 Tage pro

Jahr frei und kann sich damit 4 Wochen Urlaub verschaffen. Dabei fällt der genommene Urlaub natürlich auf Tage, an welchen üblicherweise Arbeitsleistungen erbracht werden. Sollte an genau einem solchen Tag ein Feiertag liegen, zählt dieser Feiertag natürlich nicht als Urlaub und der Urlaub bleibt bestehen und kann an einem anderen Tag genommen werden. Ein Arbeitnehmer, welcher also 5 Tage pro Woche regelmäßig Arbeitsleistungen erbringt, hat einen Mindesturlaubsanspruch von 20 Arbeitstagen im Jahr.

Gesetzlich wird darüber hinaus davon ausgegangen, dass im Rahmen einer Neuanstellung eine Wartezeit für den ganzen Jahresurlaub von 6 Monaten besteht und innerhalb der ersten 6 Monate nur Urlaub anteilig nach Monaten gegeben werden muss, in welchen Arbeitsleistungen erbracht wurden. Wie bereits zu Beginn der Erläuterung zum Arbeitsrecht dargestellt, besteht Anspruch auf den ganzen Jahresurlaub, sofern ein Arbeitnehmer die erste Jahreshälfte vollständig gearbeitet hat und in der zweiten Jahreshälfte zumindest kurz beschäftigt war. Genau dies kann im Arbeitsvertrag allerdings ausgeschlossen werden, so dass nur nach gearbeiteten Monaten Urlaub anteilig gewährt werden muss, sofern ein Arbeitnehmer dann aus dem Arbeitsverhältnis ausscheidet.

Zudem sollte die aktuelle höchstrichterliche Rechtsprechung zur Verjährung von Urlaubsansprüchen jedem Arbeitgeber zwingend bekannt sein.

So gestaltet sich die Rechtslage derart, dass der Mindesturlaubsanspruch nunmehr erst nach 3 Jahren verjährt. In vielen Arbeitsverträgen findet sich eine Regelung, dass Urlaub spätestens bis zum 31.03. des Folgejahres genommen werden muss und er ansonsten verfällt. Eine solche Regelung ist nur noch zulässig für den Urlaub, welcher zusätzlich zum Mindesturlaub gewährt wurde. Sollte also beispielsweise ein Arbeitnehmer sich arbeitsvertraglich 30 Arbeitstage pro Jahr Urlaub gesichert haben und sollte eigentlich nur 5 Tage pro Woche arbeiten, verfügt er also über 10 zusätzlich Tage Urlaub, welche zum Mindesturlaub hinzukommen. Diese 10 Tage verfallen also mit Ablauf des 31.03. des Folgejahres, wenn Sie nicht genommen wurden. Die 20 Tage Mindesturlaub bleiben jedoch bestehen, wenn sie nicht genommen worden sind.

Problematisch ist dies insbesondere bei Arbeitnehmern, welche langzeiterkrankt sind. Somit kann es geschehen, dass ein Arbeitnehmer beispielsweise drei Jahre lang erkrankt ist und dann aus dem Arbeitsverhältnis ausscheidet. In einer solchen Situation kommt es zunächst zur Feststellung des Mindesturlaubs, welcher noch besteht. Im maximalen Fall kann es sich hier bei einem Arbeitnehmer, welcher regelmäßig 5 Tage pro Woche Arbeitsleistung erbracht hätte, also um 60 Arbeitstage handeln. In einem solchen Fall müsste dann eine Urlaubsabgeltung stattfinden, welche nahezu 3 Bruttomonatsgehältern entsprechen kann. Derartiges kann also nur verhindert werden, wenn das Arbeitsverhältnis während der Krankheit beendet wird, um solche Ansprüche sicher ausschließen zu können. Ebenso spielt diese Regelung eine Rolle bei Arbeitnehmerinnen, welche schwanger geworden sind und dann Nachwuchs bekommen haben. So wären nach der alten Rechtslage nach einer Elternzeit von beispielsweise 2 Jahren üblicherweise sämtliche Urlaubsansprüche, welche vor der Elternzeit bestanden haben, verfallen. Nach der neuen Rechtslage würden allerdings entsprechende Urlaubsansprüche, welche vor der Elternzeit entstanden sind, nach 2 Jahren genommener Elternzeit noch eingelöst werden können. Dies führt zu einer erheblichen Mehrbelastung der Arbeitgeber.

Übrigens sollte der Arbeitgeber tunlichst Arbeitnehmer schriftlich darauf hinweisen, dass während der Elternzeit Urlaubsansprüche nicht bestehen und für jeden Monat der Elternzeit 1/12 des Jahresurlaubsanspruchs wegfällt. Sollte der Arbeitgeber vergessen darauf hinzuweisen, kann es geschehen, dass auch während der Elternzeit Urlaubsansprüche entstehen, was sonst eben nicht der Fall wäre.

Im nun folgenden Kapitel soll es auch um eine arbeitsrechtliche Thematik gehen, welche jedoch noch wesentlich weiter geht. Im Rahmen der Darstellungen zur betrieblichen Altersvorsorge gibt es eine Vielzahl von Umständen, welche jedem Arbeitgeber zwingend bekannt sein sollten.

VI. Besonders wichtige Stellen im Gesetz

§ 611 BGB - Vertragstypische Pflichten beim Dienstvertrag

(1) Durch den Dienstvertrag wird derjenige, welcher Dienste zusagt, zur Leistung der versprochenen Dienste, der andere Teil zur Gewährung der vereinbarten Vergütung verpflichtet.

(2) Gegenstand des Dienstvertrags können Dienste jeder Art sein.

§ 611a BGB - Arbeitsvertrag

(1) Durch den Arbeitsvertrag wird der Arbeitnehmer im Dienste eines anderen zur Leistung weisungsgebundener, fremdbestimmter Arbeit in persönlicher Abhängigkeit verpflichtet. Das Weisungsrecht kann Inhalt, Durchführung, Zeit und Ort der Tätigkeit betreffen. Weisungsgebunden ist, wer nicht im Wesentlichen frei seine Tätigkeit gestalten und seine Arbeitszeit bestimmen kann. Der Grad der persönlichen Abhängigkeit hängt dabei auch von der Eigenart der jeweiligen Tätigkeit ab. Für die Feststellung, ob ein Arbeitsvertrag vorliegt, ist eine Gesamtbetrachtung aller Umstände vorzunehmen. Zeigt die tatsächliche Durchführung des Vertragsverhältnisses, dass es sich um ein Arbeitsverhältnis handelt, kommt es auf die Bezeichnung im Vertrag nicht an.

(2) Der Arbeitgeber ist zur Zahlung der vereinbarten Vergütung verpflichtet.

§ 612a BGB - Maßregelungsverbot

Der Arbeitgeber darf einen Arbeitnehmer bei einer Vereinbarung oder einer Maßnahme nicht benachteiligen, weil der Arbeitnehmer in zulässiger Weise seine Rechte ausübt.

§ 613a BGB - Rechte und Pflichten bei Betriebsübergang

(1) Geht ein Betrieb oder Betriebsteil durch Rechtsgeschäft auf einen anderen Inhaber über, so tritt dieser in die Rechte und Pflichten aus den im Zeitpunkt des Übergangs bestehenden Arbeitsverhältnissen ein. Sind diese Rechte und Pflichten durch Rechtsnormen eines Tarifvertrags oder durch eine Betriebsvereinbarung geregelt, so werden sie Inhalt des Arbeitsverhältnisses zwischen dem neuen Inhaber und dem Arbeitnehmer und dürfen nicht vor Ablauf eines Jahres nach dem Zeitpunkt des Übergangs zum Nachteil des Arbeitnehmers geändert werden. Satz 2 gilt nicht, wenn die Rechte und Pflichten bei dem neuen Inhaber durch Rechtsnormen eines anderen Tarifvertrags oder durch eine andere Betriebsvereinbarung geregelt werden. Vor Ablauf der Frist nach Satz 2 können die Rechte und Pflichten geändert werden, wenn der Tarifvertrag oder die Betriebsvereinbarung nicht mehr gilt oder bei fehlender beiderseitiger Tarifgebundenheit im Geltungsbereich eines anderen Tarifvertrags dessen Anwendung zwischen dem neuen Inhaber und dem Arbeitnehmer vereinbart wird.

(2) Der bisherige Arbeitgeber haftet neben dem neuen Inhaber für Verpflichtungen nach Absatz 1, soweit sie vor dem Zeitpunkt des Übergangs entstanden sind und vor Ablauf von einem Jahr nach diesem Zeitpunkt fällig werden, als Gesamtschuldner. Werden solche Verpflichtungen nach dem Zeitpunkt des Übergangs fällig, so haftet der bisherige Arbeitgeber für sie jedoch nur in dem Umfang, der dem im Zeitpunkt des Übergangs abgelaufenen Teil ihres Bemessungszeitraums entspricht.

(3) Absatz 2 gilt nicht, wenn eine juristische Person oder eine Personenhandelsgesellschaft durch Umwandlung erlischt.

(4) Die Kündigung des Arbeitsverhältnisses eines Arbeitnehmers durch den bisherigen Arbeitgeber oder durch den neuen Inhaber wegen des Übergangs eines Betriebs oder eines Betriebsteils ist unwirksam. Das Recht zur Kündigung des Arbeitsverhältnisses aus anderen Gründen bleibt unberührt.

(5) Der bisherige Arbeitgeber oder der neue Inhaber hat die von einem Übergang betroffenen Arbeitnehmer vor dem Übergang in Textform zu unterrichten über:
1.
den Zeitpunkt oder den geplanten Zeitpunkt des Übergangs,
2.
den Grund für den Übergang,
3.
die rechtlichen, wirtschaftlichen und sozialen Folgen des Übergangs für die Arbeitnehmer und
4.
die hinsichtlich der Arbeitnehmer in Aussicht genommenen Maßnahmen.

(6) Der Arbeitnehmer kann dem Übergang des Arbeitsverhältnisses innerhalb eines Monats nach Zugang der Unterrichtung nach Absatz 5 schriftlich widersprechen. Der Widerspruch kann gegenüber dem bisherigen Arbeitgeber oder dem neuen Inhaber erklärt werden.

§ 615 BGB - Vergütung bei Annahmeverzug und bei Betriebsrisiko

Kommt der Dienstberechtigte mit der Annahme der Dienste in Verzug, so kann der Verpflichtete für die infolge des Verzugs nicht geleisteten Dienste die vereinbarte Vergütung

verlangen, ohne zur Nachleistung verpflichtet zu sein. Er muss sich jedoch den Wert desjenigen anrechnen lassen, was er infolge des Unterbleibens der Dienstleistung erspart oder durch anderweitige Verwendung seiner Dienste erwirbt oder zu erwerben böswillig unterlässt. Die Sätze 1 und 2 gelten entsprechend in den Fällen, in denen der Arbeitgeber das Risiko des Arbeitsausfalls trägt.

§ 616 BGB - Vorübergehende Verhinderung

Der zur Dienstleistung Verpflichtete wird des Anspruchs auf die Vergütung nicht dadurch verlustig, dass er für eine verhältnismäßig nicht erhebliche Zeit durch einen in seiner Person liegenden Grund ohne sein Verschulden an der Dienstleistung verhindert wird. Er muss sich jedoch den Betrag anrechnen lassen, welcher ihm für die Zeit der Verhinderung aus einer auf Grund gesetzlicher Verpflichtung bestehenden Kranken- oder Unfallversicherung zukommt.

§ 622 BGB - Kündigungsfristen bei Arbeitsverhältnissen

(1) Das Arbeitsverhältnis eines Arbeiters oder eines Angestellten (Arbeitnehmers) kann mit einer Frist von vier Wochen zum Fünfzehnten oder zum Ende eines Kalendermonats gekündigt werden.

(2) Für eine Kündigung durch den Arbeitgeber beträgt die Kündigungsfrist, wenn das Arbeitsverhältnis in dem Betrieb oder Unternehmen

1.

zwei Jahre bestanden hat, einen Monat zum Ende eines Kalendermonats,

2.

fünf Jahre bestanden hat, zwei Monate zum Ende eines Kalendermonats,

3.
acht Jahre bestanden hat, drei Monate zum Ende eines Kalendermonats,
4.
zehn Jahre bestanden hat, vier Monate zum Ende eines Kalendermonats,
5.
zwölf Jahre bestanden hat, fünf Monate zum Ende eines Kalendermonats,
6.
15 Jahre bestanden hat, sechs Monate zum Ende eines Kalendermonats,
7.
20 Jahre bestanden hat, sieben Monate zum Ende eines Kalendermonats.

(3) Während einer vereinbarten Probezeit, längstens für die Dauer von sechs Monaten, kann das Arbeitsverhältnis mit einer Frist von zwei Wochen gekündigt werden.

(4) Von den Absätzen 1 bis 3 abweichende Regelungen können durch Tarifvertrag vereinbart werden. Im Geltungsbereich eines solchen Tarifvertrags gelten die abweichenden tarifvertraglichen Bestimmungen zwischen nicht tarifgebundenen Arbeitgebern und Arbeitnehmern, wenn ihre Anwendung zwischen ihnen vereinbart ist.

(5) Einzelvertraglich kann eine kürzere als die in Absatz 1 genannte Kündigungsfrist nur vereinbart werden,
1.
wenn ein Arbeitnehmer zur vorübergehenden Aushilfe eingestellt ist; dies gilt nicht, wenn das Arbeitsverhältnis über die Zeit von drei Monaten hinaus fortgesetzt wird;
2.
wenn der Arbeitgeber in der Regel nicht mehr als 20 Arbeitnehmer ausschließlich der zu ihrer Berufsbildung Beschäftigten beschäftigt und die Kündigungsfrist vier Wochen nicht unterschreitet.

Bei der Feststellung der Zahl der beschäftigten Arbeitnehmer sind teilzeitbeschäftigte Arbeitnehmer mit einer regelmäßigen wöchentlichen Arbeitszeit von nicht mehr als 20 Stunden mit 0,5 und nicht mehr als 30 Stunden mit 0,75 zu berücksichtigen. Die einzelvertragliche Vereinbarung längerer als der in den Absätzen 1 bis 3 genannten Kündigungsfristen bleibt hiervon unberührt.

(6) Für die Kündigung des Arbeitsverhältnisses durch den Arbeitnehmer darf keine längere Frist vereinbart werden als für die Kündigung durch den Arbeitgeber.

§ 623 BGB - Schriftform der Kündigung

Die Beendigung von Arbeitsverhältnissen durch Kündigung oder Auflösungsvertrag bedürfen zu ihrer Wirksamkeit der Schriftform; die elektronische Form ist ausgeschlossen.

§ 626 BGB - Fristlose Kündigung aus wichtigem Grund

(1) Das Dienstverhältnis kann von jedem Vertragsteil aus wichtigem Grund ohne Einhaltung einer Kündigungsfrist gekündigt werden, wenn Tatsachen vorliegen, auf Grund derer dem Kündigenden unter Berücksichtigung aller Umstände des Einzelfalles und unter Abwägung der Interessen beider Vertragsteile die Fortsetzung des Dienstverhältnisses bis zum Ablauf der Kündigungsfrist oder bis zu der vereinbarten Beendigung des Dienstverhältnisses nicht zugemutet werden kann.

(2) Die Kündigung kann nur innerhalb von zwei Wochen erfolgen. Die Frist beginnt mit dem Zeitpunkt, in dem der Kündigungsberechtigte von den für die Kündigung maßgebenden Tatsachen Kenntnis erlangt. Der Kündigende muss dem anderen Teil auf Verlangen den Kündigungsgrund unverzüglich schriftlich mitteilen.

§ 630 BGB - Pflicht zur Zeugniserteilung

Bei der Beendigung eines dauernden Dienstverhältnisses kann der Verpflichtete von dem anderen Teil ein schriftliches Zeugnis über das Dienstverhältnis und dessen Dauer fordern. Das Zeugnis ist auf Verlangen auf die Leistungen und die Führung im Dienst zu erstrecken. Die Erteilung des Zeugnisses in elektronischer Form ist ausgeschlossen. Wenn der Verpflichtete ein Arbeitnehmer ist, findet § 109 der Gewerbeordnung Anwendung.

§ 12 TzBfG - Arbeit auf Abruf

(1) Arbeitgeber und Arbeitnehmer können vereinbaren, dass der Arbeitnehmer seine Arbeitsleistung entsprechend dem Arbeitsanfall zu erbringen hat (Arbeit auf Abruf). Die Vereinbarung muss eine bestimmte Dauer der wöchentlichen und täglichen Arbeitszeit festlegen. Wenn die Dauer der wöchentlichen Arbeitszeit nicht festgelegt ist, gilt eine Arbeitszeit von 20 Stunden als vereinbart. Wenn die Dauer der täglichen Arbeitszeit nicht festgelegt ist, hat der Arbeitgeber die Arbeitsleistung des Arbeitnehmers jeweils für mindestens drei aufeinander folgende Stunden in Anspruch zu nehmen.

(2) Ist für die Dauer der wöchentlichen Arbeitszeit nach Absatz 1 Satz 2 eine Mindestarbeitszeit vereinbart, darf der Arbeitgeber nur bis zu 25 Prozent der wöchentlichen Arbeitszeit zusätzlich abrufen. Ist für die Dauer der wöchentlichen Arbeitszeit nach Absatz 1 Satz 2 eine Höchstarbeitszeit vereinbart, darf der Arbeitgeber nur bis zu 20 Prozent der wöchentlichen Arbeitszeit weniger abrufen.

(3) Der Arbeitnehmer ist nur zur Arbeitsleistung verpflichtet, wenn der Arbeitgeber ihm die Lage seiner Arbeitszeit jeweils mindestens vier Tage im Voraus mitteilt.

(4) Zur Berechnung der Entgeltfortzahlung im Krankheitsfall ist die maßgebende regelmäßige Arbeitszeit im Sinne von § 4 Absatz 1 des Entgeltfortzahlungsgesetzes die durchschnittliche Arbeitszeit der letzten drei Monate vor Beginn der Arbeitsunfähigkeit (Referenzzeitraum). Hat das Arbeitsverhältnis bei Beginn der Arbeitsunfähigkeit keine drei Monate bestanden, ist der Berechnung des Entgeltfortzahlungsanspruchs die durchschnittliche Arbeitszeit dieses kürzeren Zeitraums zugrunde zu legen. Zeiten von Kurzarbeit, unverschuldeter Arbeitsversäumnis, Arbeitsausfällen und Urlaub im Referenzzeitraum bleiben außer Betracht. Für den Arbeitnehmer günstigere Regelungen zur Berechnung der Entgeltfortzahlung im Krankheitsfall finden Anwendung.

(5) Für die Berechnung der Entgeltzahlung an Feiertagen nach § 2 Absatz 1 des Entgeltfortzahlungsgesetzes gilt Absatz 4 entsprechend.

(6) Durch Tarifvertrag kann von den Absätzen 1 und 3 auch zuungunsten des Arbeitnehmers abgewichen werden, wenn der Tarifvertrag Regelungen über die tägliche und wöchentliche Arbeitszeit und die Vorankündigungsfrist vorsieht. Im Geltungsbereich eines solchen Tarifvertrages können nicht tarifgebundene Arbeitgeber und Arbeitnehmer die Anwendung der tariflichen Regelungen über die Arbeit auf Abruf vereinbaren.

§ 1 KSchG - Sozial ungerechtfertigte Kündigungen

(1) Die Kündigung des Arbeitsverhältnisses gegenüber einem Arbeitnehmer, dessen Arbeitsverhältnis in demselben Betrieb oder Unternehmen ohne Unterbrechung länger als sechs Monate bestanden hat, ist rechtsunwirksam, wenn sie sozial ungerechtfertigt ist.

(2) Sozial ungerechtfertigt ist die Kündigung, wenn sie nicht durch Gründe, die in der Person oder in dem Verhalten des

Arbeitnehmers liegen, oder durch dringende betriebliche Erfordernisse, die einer Weiterbeschäftigung des Arbeitnehmers in diesem Betrieb entgegenstehen, bedingt ist. Die Kündigung ist auch sozial ungerechtfertigt, wenn

1.

in Betrieben des privaten Rechts

a)

die Kündigung gegen eine Richtlinie nach § 95 des Betriebsverfassungsgesetzes verstößt,

b)

der Arbeitnehmer an einem anderen Arbeitsplatz in demselben Betrieb oder in einem anderen Betrieb des Unternehmens weiterbeschäftigt werden kann

und der Betriebsrat oder eine andere nach dem Betriebsverfassungsgesetz insoweit zuständige Vertretung der Arbeitnehmer aus einem dieser Gründe der Kündigung innerhalb der Frist des § 102 Abs. 2 Satz 1 des Betriebsverfassungsgesetzes schriftlich widersprochen hat,

2.

in Betrieben und Verwaltungen des öffentlichen Rechts

a)

die Kündigung gegen eine Richtlinie über die personelle Auswahl bei Kündigungen verstößt,

b)

der Arbeitnehmer an einem anderen Arbeitsplatz in derselben Dienststelle oder in einer anderen Dienststelle desselben Verwaltungszweigs an demselben Dienstort einschließlich seines Einzugsgebiets weiterbeschäftigt werden kann

und die zuständige Personalvertretung aus einem dieser Gründe fristgerecht gegen die Kündigung Einwendungen erhoben hat, es sei denn, dass die Stufenvertretung in der Verhandlung mit der übergeordneten Dienststelle die Einwendungen nicht aufrechterhalten hat.

Satz 2 gilt entsprechend, wenn die Weiterbeschäftigung des Arbeitnehmers nach zumutbaren Umschulungs- oder Fortbildungsmaßnahmen oder eine Weiterbeschäftigung des Arbeitnehmers unter geänderten Arbeitsbedingungen möglich ist und der Arbeitnehmer sein Einverständnis hiermit erklärt hat. Der Arbeitgeber hat die Tatsachen zu beweisen, die die Kündigung bedingen.

(3) Ist einem Arbeitnehmer aus dringenden betrieblichen Erfordernissen im Sinne des Absatzes 2 gekündigt worden, so ist die Kündigung trotzdem sozial ungerechtfertigt, wenn der Arbeitgeber bei der Auswahl des Arbeitnehmers die Dauer der Betriebszugehörigkeit, das Lebensalter, die Unterhaltspflichten und die Schwerbehinderung des Arbeitnehmers nicht oder nicht ausreichend berücksichtigt hat; auf Verlangen des Arbeitnehmers hat der Arbeitgeber dem Arbeitnehmer die Gründe anzugeben, die zu der getroffenen sozialen Auswahl geführt haben. In die soziale Auswahl nach Satz 1 sind Arbeitnehmer nicht einzubeziehen, deren Weiterbeschäftigung, insbesondere wegen ihrer Kenntnisse, Fähigkeiten und Leistungen oder zur Sicherung einer ausgewogenen Personalstruktur des Betriebes, im berechtigten betrieblichen Interesse liegt. Der Arbeitnehmer hat die Tatsachen zu beweisen, die die Kündigung als sozial ungerechtfertigt im Sinne des Satzes 1 erscheinen lassen.

(4) Ist in einem Tarifvertrag, in einer Betriebsvereinbarung nach § 95 des Betriebsverfassungsgesetzes oder in einer entsprechenden Richtlinie nach den Personalvertretungsgesetzen festgelegt, wie die sozialen Gesichtspunkte nach Absatz 3 Satz 1 im Verhältnis zueinander zu bewerten sind, so kann die Bewertung nur auf grobe Fehlerhaftigkeit überprüft werden.

(5) Sind bei einer Kündigung auf Grund einer Betriebsänderung nach § 111 des Betriebsverfassungsgesetzes die Arbeitnehmer, denen gekündigt werden soll, in einem Interessenausgleich zwischen Arbeitgeber und Betriebsrat namentlich bezeichnet, so wird vermutet, dass die Kündigung durch dringende betriebliche Erfordernisse im Sinne des Absatzes 2 bedingt ist. Die soziale Auswahl der Arbeitnehmer kann nur auf grobe Fehlerhaftigkeit überprüft werden. Die Sätze 1 und

2 gelten nicht, soweit sich die Sachlage nach Zustandekommen des Interessenausgleichs wesentlich geändert hat. Der Interessenausgleich nach Satz 1 ersetzt die Stellungnahme des Betriebsrates nach § 17 Abs. 3 Satz 2.

§ 1a KSchG - Abfindungsanspruch bei betriebsbedingter Kündigung

(1) Kündigt der Arbeitgeber wegen dringender betrieblicher Erfordernisse nach § 1 Abs. 2 Satz 1 und erhebt der Arbeitnehmer bis zum Ablauf der Frist des § 4 Satz 1 keine Klage auf Feststellung, dass das Arbeitsverhältnis durch die Kündigung nicht aufgelöst ist, hat der Arbeitnehmer mit dem Ablauf der Kündigungsfrist Anspruch auf eine Abfindung. Der Anspruch setzt den Hinweis des Arbeitgebers in der Kündigungserklärung voraus, dass die Kündigung auf dringende betriebliche Erfordernisse gestützt ist und der Arbeitnehmer bei Verstreichenlassen der Klagefrist die Abfindung beanspruchen kann.

(2) Die Höhe der Abfindung beträgt 0,5 Monatsverdienste für jedes Jahr des Bestehens des Arbeitsverhältnisses. § 10 Abs. 3 gilt entsprechend. Bei der Ermittlung der Dauer des Arbeitsverhältnisses ist ein Zeitraum von mehr als sechs Monaten auf ein volles Jahr aufzurunden.

§ 4 KSchG - Anrufung des Arbeitsgerichts

Will ein Arbeitnehmer geltend machen, dass eine Kündigung sozial ungerechtfertigt oder aus anderen Gründen rechtsunwirksam ist, so muss er innerhalb von drei Wochen nach Zugang der schriftlichen Kündigung Klage beim Arbeitsgericht auf Feststellung erheben, dass das Arbeitsverhältnis durch die Kündigung nicht aufgelöst ist. Im Falle des § 2 ist die Klage auf Feststellung zu erheben, dass die Änderung der Arbeitsbedingungen sozial ungerechtfertigt oder aus anderen Gründen rechtsunwirksam ist. Hat der Arbeitnehmer Einspruch beim Betriebsrat eingelegt (§ 3), so soll er der Klage die Stellungnahme des Betriebsrats beifügen. Soweit die Kündigung der Zustimmung einer Behörde bedarf, läuft die Frist zur Anrufung des Arbeitsgerichts erst von der Bekanntgabe der Entscheidung der Behörde an den Arbeitnehmer ab.

§ 9 KSchG - Auflösung des Arbeitsverhältnisses durch Urteil des Gerichts, Abfindung des Arbeitnehmers

(1) Stellt das Gericht fest, dass das Arbeitsverhältnis durch die Kündigung nicht aufgelöst ist, ist jedoch dem Arbeitnehmer die Fortsetzung des Arbeitsverhältnisses nicht zuzumuten, so hat das Gericht auf Antrag des Arbeitnehmers das Arbeitsverhältnis aufzulösen und den Arbeitgeber zur Zahlung einer angemessenen Abfindung zu verurteilen. Die gleiche Entscheidung hat das Gericht auf Antrag des Arbeitgebers zu treffen, wenn Gründe vorliegen, die eine den Betriebszwecken dienliche weitere Zusammenarbeit zwischen Arbeitgeber und Arbeitnehmer nicht erwarten lassen. Arbeitnehmer und Arbeitgeber können den Antrag auf Auflösung des Arbeitsverhältnisses bis zum Schluss der letzten mündlichen Verhandlung in der Berufungsinstanz stellen.

(2) Das Gericht hat für die Auflösung des Arbeitsverhältnisses den Zeitpunkt festzusetzen, an dem es bei sozial gerechtfertigter Kündigung geendet hätte.

§ 10 KSchG - Höhe der Abfindung

(1) Als Abfindung ist ein Betrag bis zu zwölf Monatsverdiensten festzusetzen.

(2) Hat der Arbeitnehmer das fünfzigste Lebensjahr vollendet und hat das Arbeitsverhältnis mindestens fünfzehn Jahre

bestanden, so ist ein Betrag bis zu fünfzehn Monatsverdiensten, hat der Arbeitnehmer das fünfundfünfzigste Lebensjahr vollendet und hat das Arbeitsverhältnis mindestens zwanzig Jahre bestanden, so ist ein Betrag bis zu achtzehn Monatsverdiensten festzusetzen. Dies gilt nicht, wenn der Arbeitnehmer in dem Zeitpunkt, den das Gericht nach § 9 Abs. 2 für die Auflösung des Arbeitsverhältnisses festsetzt, das in der Vorschrift des Sechsten Buches Sozialgesetzbuch über die Regelaltersrente bezeichnete Lebensalter erreicht hat.

(3) Als Monatsverdienst gilt, was dem Arbeitnehmer bei der für ihn maßgebenden regelmäßigen Arbeitszeit in dem Monat, in dem das Arbeitsverhältnis endet (§ 9 Abs. 2), an Geld und Sachbezügen zusteht.

§ 3 BUrlG - Dauer des Urlaubs

(1) Der Urlaub beträgt jährlich mindestens 24 Werktage.

(2) Als Werktage gelten alle Kalendertage, die nicht Sonn- oder gesetzliche Feiertage sind.

§ 4 BUrlG - Wartezeit

Der volle Urlaubsanspruch wird erstmalig nach sechsmonatigem Bestehen des Arbeitsverhältnisses erworben.

§ 9 BUrlG - Erkrankung während des Urlaubs

Erkrankt ein Arbeitnehmer während des Urlaubs, so werden die durch ärztliches Zeugnis nachgewiesenen Tage der Arbeitsunfähigkeit auf den Jahresurlaub nicht angerechnet.

3. Kapitel - Betriebsrente

Das Thema der Betriebsrente darf keinem Praxisinhaber unbekannt sein. Die wichtigsten Informationen erhalten Sie in der folgenden Darstellung.

I. Die gesetzliche Grundlage

Am 16.06.2017 beschloss der Deutsche Bundestag das Betriebsrentenstärkungsgesetz (BRSG). Danach wurde in drei aufeinander folgenden Stufen das BRSG eingeführt und zum 01.01.2022 hat das Gesetz mit der Umsetzung der letzten Stufe seine volle Gültigkeit erreicht.

II. Wer und was ist betroffen?

Das Wort »Betriebsrente« steht als Oberbegriff für vielerlei Modelle einer betrieblichen Altersvorsoge im normalen Berufsalltag. Besonders weit verbreitet sind die Direktversicherung und die Pensionskasse. Oft wird von Arbeitnehmern ein solcher Antrag für eine Direktversicherung oder Pensionskasse den Arbeitgebern vorgelegt und um Umsetzung bzw. Durchführung gebeten. Die dazugehörigen Unterlagen stammen meist aus einer Versicherungs- oder Finanzberatung der Beschäftigten. Nach Meinung verschiedener Experten und Juristen zur Bedeutung des BRSG handelt es sich wohl um die massivste Veränderung im Betriebsrentenrecht der letzten 50 Jahre. Das BRSG verlangt nicht nur einen zukünftigen Zuschuss zur betrieblichen Altersversorgung, sondern führt zu sehr umfangreichen Informationspflichten und weiteren haftungsrelevanten Aufgaben des Arbeitgebers - somit also einem Haftungsrisiko in bisher nie dagewesenem Ausmaß.

Experten empfehlen daher unbedingt die Mitarbeiter über das neue Gesetz zu informieren oder - noch besser - informieren zu lassen. Am besten ist die Auslagerung dieser Beratung an externe Partner, weil hiermit auch ein Teil der Haftung der Arbeitgeber auf diese externen Beratungspartner übergeht. Dies ist vergleichbar mit einem Steuerberater, der auch gegenüber dem Finanzamt für die Steuererklärung verantwortlich ist.

Zusätzlich wird dringend empfohlen, eine »Versorgungsordnung« aufzustellen. Diese dient als Regelwerk der Praxis, in dem die Details der betrieblichen Altersvorsorge innerhalb des Betriebes verbindlich geregelt werden. Das BRSG bietet in seiner Gesamtheit viele Elemente und Besonderheiten an – birgt aber auch ungewollte Risiken und Gefahren für uninformierte Arbeitgeber. Als Arbeitgeber hat man nun das Recht innerhalb der Versorgungsordnung einzelne Elemente herauszunehmen oder so zu definieren, wie es dem betrieblichen Zweck dient und der Personalpolitik dauerhaft hilft. Die entscheidende Frage ist, wie die Arbeitgeber ihren neuen Pflichten und Obliegenheiten nachkommen, die Arbeitgeberhaftung reduzieren und gleichzeitig die positiven Elemente des BRSG zur Mitarbeiterbindung und Mitarbeitergewinnung einsetzten können. Gerade vor dem Hintergrund dieser gesetzlichen Neuregelungen können Praxen interessante Modelle aufstellen, um sich als attraktiver Arbeitgeber gegenüber ihren Mitarbeitern oder potenziellen Mitarbeitern geschickt zu positionieren.

III. Die Umsetzung

Bei der Umsetzung des Gesetzes sollten alle Arbeitgeber folgende 5 Punkte besonders beachten:

1.

Dem Arbeitgeber wurden mit dem neuen BRSG Aufklärungs- und Informationspflichten auferlegt und diese sollten möglichst vollständig erfüllt werden. Zu den wichtigsten Informationspflichten gehören:

a. Angebot ▶ neuer Pflichtzuschuss 15 %
b. Wenn Arbeitnehmer kein Interesse hat ▶ Bestätigung
c. Folgen bei Verzicht (schriftliche Bestätigung)
d. Elternzeit (Möglichkeiten der Fortführung)
e. Altersteilzeit (Auswirkungen auf Zuschüsse)
f. Vorruhestand/Renteneintritt (Steuer/Sozialbeiträge)
g. Längere Krankheit (mögliche Fortführung)
h. Ausscheiden wegen Berufsunfähigkeit
i. Beitragsfreistellung (Auswirkungen und Schutz)
j. Arbeitgeberwechsel (Übernahme/Mitgabe)

Besonders wichtig werden die oben aufgeführten Pflichten vor dem Hintergrund eines Urteils des Bundesarbeitsgerichts.

Sollte ein Arbeitgeber gegen diese Informationspflichten verstoßen oder diesen nicht vollständig nachkommen, können sich Mitarbeiter wegen Schadenersatzanspruch an den Arbeitgeber wenden. Hierzu hat das Bundesarbeitsgericht mit Urteil vom 18.02.2020 entschieden, »wenn ein Arbeitgeber Auskünfte erteilt, müssen diese richtig, eindeutig und vollständig sein. Andernfalls haftet der Arbeitgeber für Schäden, die der Arbeitnehmer unter fehlerhafter Auskunft erleidet«. (Bundesarbeitsgericht, Urteil vom 18.02.2020, 3 AZR 206/18)

IV. Wie lange gilt die Verantwortung/Nachhaftung?

Aufgrund der Regelung zum sogenannten »Rentenstammrecht«, bei dem der Arbeitgeber einer 30-jährigen Nachhaftung unterliegt, wird das Haftungsrisiko für viele Arbeitgeber fast unüberschaubar und darf als existenzbedrohend eingestuft werden.

Nun kann ein Mitarbeiter noch nach 30 Jahren Ansprüche auf nicht gewährte Forderungen, Zuschüsse oder Zuzahlungen stellen. Selbst wenn die Praxis zum Beispiel verkauft wurde - der Nachfolger tritt mit allen Rechten und Pflichten in die Praxis ein - können Forderungen an den Nachfolger gestellt werden.

Auf Grund dieser Gesamtsituation und dem Hintergrund sollten Arbeitgeber hier ein besonderes Augenmerk auf die Erfüllung ihrer Obliegenheiten legen.

V. Pflichtzuschuss in Höhe von 15 %

Eine wesentliche Regelung des Gesetzgebers ist der neue Pflichtzuschuss in Höhe von 15 % des Arbeitnehmerbeitrages zur betrieblichen Altersvorsorge.

Die 15-%-Zuschusspflicht beziehen sich hierbei auf den vom Arbeitnehmer selbst geleisteten Eigenanteil zur Direktversicherung oder Pensionskasse. Das bedeutet, wenn ein Arbeitnehmer 100,00 € Brutto in den Vertrag entrichtet, ist der Arbeitgeber zu einem 15-%-Zuschuss (= 15,00 €) verpflichtet. Dies mag im ersten Moment nicht viel klingen, doch aus Sicht der Arbeitnehmer sind diese 15 % enorm hoch. Würde man den gewünschten Sparbeitrag konventionell bei einer Bank, Bausparkasse oder Versicherung anlegen, bewegt man sich sicherlich bei einem Zinssatz von 0,5 % bis 2 % im aktuellen niedrigen Zinsumfeld. Da sind die 15 % direkter Zuschuss des Arbeitgebers zum Sparbeitrag besonders attraktiv. Dies dürfte in den nächsten Jahren dazu führen, dass fast alle Arbeitnehmer einen solchen Sparvertrag über die betriebliche Altersvorsorge in Anspruch nehmen wollen und entsprechende Antragsformulare bei ihrem Arbeitgeber abgeben.

VI. Extrakosten durch Pflichtzuschuss

Die Befürchtung vieler Arbeitgeber, hier extra finanzielle Aufwände zu haben, soll an dieser Stelle ausdrücklich entkräftet werden.

Bei näherer Betrachtung zeigt sich folgendes: Wenn ein Mitarbeiter normalerweise 100,00 € Bruttogehalt erhält, hat ein entsprechender Arbeitgeber ca. 120,00 € Gesamtaufwand. Die 20,00 € Mehraufwand entstehen durch die anteiligen arbeitgeberseitigen Sozialversicherungsbeiträge. Dies bedeutet, dass Arbeitgeber nicht nur das Bruttogehalt der Mitarbeiter, sondern natürlich noch zusätzlich die Arbeitgeberanteile zur Sozialversicherung aufwenden müssen.

Zahlt ein Mitarbeiter nun diesen eigenen Bruttosparbeitrag in Höhe von 100,00 € in einen Vertrag zur betrieblichen Altersvorsorge ein, sind diese Beiträge sowohl von der Steuer als auch von den Sozialbeiträgen befreit. Damit spart nicht nur der Arbeitnehmer die Sozialversicherungsabzüge, sondern der Arbeitgeber spart ebenso die Lohnnebenkosten.

Wenn der Arbeitgeber dann einen Zuschuss von 15 % gemäß dem neuen Gesetz leisten muss, entsteht somit kein Mehraufwand, sondern sogar noch ein kleiner Vorteil für den Arbeitgeber. Die Empfehlung an dieser Stelle ist, es nicht bei den 15 % Pflichtzuschuss zu belassen, sondern großzügig auf die 20 % der gesparten Lohnnebenkosten aufzustocken. Somit kann der Arbeitgeber ohne zusätzlichen Aufwand als attraktiver Arbeitgeber auftreten. Der Gesamtaufwand für den Arbeitgeber bleibt also gleich, egal ob der Mitarbeiter eine betriebliche Altersvorsorge in Höhe von 100,00 € bespart oder nicht. Der Arbeitgeber würde immer die 120,00 € Gesamtaufwand haben.

VII. Rechtssichere Dokumentation

Auf Grund der zuvor geschilderten Gesamtsituation empfiehlt es sich, nun dringend den gesamten Komplex der betrieblichen Altersvorsorge rechtssicher und ausführlich zu dokumentieren. Leider fehlt es hier oft an juristisch geprüften Unterlagen und es wird auf selbst erstellte Dokumente oder Vorlagen aus dem Internet zurückgegriffen. Spätestens bei einer entsprechenden Prüfung durch die Sozialträger oder bei einer juristischen Auseinandersetzung stellt sich dann vielleicht heraus, dass diese Dokumente meist nicht ausreichen und die Arbeitgeberhaftung vollumfänglich trotz vermeidlicher Dokumentation greift.

Es ist dringend angeraten im Falle eines Verzichtes auf den Zuschuss (Arbeitgeber bietet an, Arbeitnehmer lehnt ab) diesen Verzicht und die Folgen daraus umfangreich zu dokumentieren, um die Nachhaftung zu vermeiden.

Zu beachten und dringend notwendig ist es bei einer Änderung des Status des Mitarbeiters (z.B. mehr Stunden pro Woche, Elternzeit, Kurzarbeit), dass der Arbeitgeber zu einer erneuten Dokumentation und der Verzichtserklärung verpflichtet ist. Durch eine gute Formulierung kann jedoch aus der Bringschuld des Arbeitgebers eine Holschuld des Mitarbeiters gemacht werden. Somit müsste vom Mitarbeiter nur ein einziges Mal diese Verzichtserklärung unterschrieben werden und der Arbeitgeber wäre dauerhaft aus der Verantwortung entlassen.

VIII. Versorgungsordnung

Noch wichtiger als die Verzichtserklärung ist die sogenannte »Versorgungsordnung«. Wie zuvor ausgeführt handelt es sich hierbei um das »innerbetriebliche Regelwerk«, dass die Details und Besonderheiten der betrieblichen Altersvorsorge individuell in der Einrichtung regelt.

Wenn ein Arbeitgeber keine Versorgungsordnung hat, greifen alle Aspekte des neuen Gesetzes in ihrer Gänze und damit auch womöglich ungewollte haftungsrelevante Elemente des BRSG. Der Gesetzgeber hat den Arbeitgebern ein Privileg eingeräumt ungewünschte und ungewollte Risiken und Besonderheiten »abzuwählen« und in der Versorgungsordnung verbindlich auszuschließen. Macht ein

Arbeitgeber hiervon Gebrauch, gelten diese Elemente dann nicht innerhalb der Praxis. Selbst bei nur einem Arbeitnehmer ist eine solche Versorgungsordnung unbedingt empfehlenswert und sollte daher unbedingt vorhanden sein.

Die Erstellung einer solchen Versorgungsordnung stellt eine Rechtsdienstleistung und eine Ergänzung zum bestehenden Arbeitsvertrag dar und darf nur durch Juristen vorgenommen werden. Besonders vor dem Hintergrund einer möglichen juristischen Auseinandersetzung sollte die Versorgungsordnung von einem kompetenten Fachjuristen erstellt werden.

Die Vorteile einer Versorgungsordnung sind:

- Rechtliche Grundlagen ▶ alle Mitarbeiter gleich
- Nachweis zur Pflichterfüllung für Arbeitgeber
- Heilungsmöglichkeit für alte Fälle
- durch geprüfte Produkte Haftung reduzieren
- Kein Zuschuss bei Ausfall (6 Wochen / Elternzeit)
- Bonus-/Staffelregelung zur Mitarbeiterbindung
- Mehr Zuschuss bei Mehr-Stunden-Modell

IX. Arbeitgeberzuschuss gezielt einsetzen

Wenn nun ein Arbeitgeber einen Pflichtzuschuss zahlen muss, sollte dann auch konsequenterweise gezielt überlegt werden, wie dieser Zuschuss zur Mitarbeiterbindung und Mitarbeitergewinnung eingesetzt werden kann.

Eine Möglichkeit ist es, den Pflichtzuschuss zu staffeln und z.B. abhängig von der Zugehörigkeit im Laufe der Jahre steigen zu lassen. Ein attraktives Modell könnte sein, am Anfang die gesetzlich vorgeschriebenen 15 % zu zahlen, und dann zum Beispiel nach 2 Jahren den Zuschuss auf 20 % zu erhöhen, nach 3 Jahren auf 50 % und nach 5 Jahren auf 100 % zu erhöhen. So wird die Zugehörigkeit zur Praxis und die Loyalität zum Arbeitgeber belohnt und eine langjährige Zusammenarbeit wird besonders attraktiv gestaltet.

Eine solche Vorgehensweise ist in der Industrie seit vielen Jahrzehnten etabliert und wird von Arbeitnehmern besonders positiv bewertet. Anhand von Zugehörigkeitsdaten und der Erhebung von Fluktuationsraten lässt sich ganz klar erkennen, dass Betriebe, die ein solches Staffelmodell (angelehnt an die Betriebszugehörigkeit) nutzen, eine deutlich längere Betriebszugehörigkeit bei ihren Mitarbeitern verzeichnen können. Betriebe, die kein solches Staffelmodell haben, leiden viel stärker unter Mitarbeiterwechsel und haben größere Probleme neue Mitarbeiter zu finden. Die Folge ist klar: Je länger ein Mitarbeiter im Unternehmen tätig ist, desto weniger oder seltener muss der Arbeitgeber neue Mitarbeiter suchen. Im Gesundheitswesen sind solche Modelle noch sehr wenig bekannt und nur selten anzutreffen. Dies ist eine gute Gelegenheit für moderne und zukunftsorientierte Praxisinhaber sich anders aufzustellen und so im Wettbewerb qualifizierte Fachkräfte zu gewinnen.

X. Besonderheiten des Gesetzes für persönliche Situation nutzen

Im Rahmen des BRSG wurde auch eine Besonderheit der betrieblichen Altersvorsorge eingeführt, die bei Familienbeschäftigten genutzt werden kann.

Diese Regelung betrifft alle Beschäftigungsverhältnisse – egal ob Mini-Job oder sozialversicherungspflichtige Beschäftigung –, die mit Ehepartner/Lebenspartner /Kindern/Eltern geschlossen werden. Sie erlaubt es den Arbeitgebern, ihren Arbeitnehmern (also Familienangehörigen) zusätzlich zum normalen monatlichen Bruttogehalt einen Betrag von 282,00 € monatlich steuer- und sozialabgabenfrei zukommen zu lassen (gültiger Wert für 2022).

Das heißt, sogar bei Minijobbern kann zu den allseits bekannten 450,00 € steuer- und sozialabgabenfrei ein weiterer Betrag in Höhe von 282,00 € monatlich steuer- und sozialabgabenfrei in eine betriebliche Altersvorsorge eingezahlt werden. Der Arbeitgeber kann diesen Aufwand steuerlich geltend machen und der Familienangehörige kann den Betrag steuer- und sozialabgabenfrei in der Vorsorge gewinnbringend anlegen.

Handelt es sich bei dem Beschäftigungsverhältnis um einen sozialversicherungspflichtigen Arbeitsvertrag können sogar bis zu 564,00 € steuerfrei dem Familienmitglied im Rahmen der betrieblichen Altersvorsorge extra als Beitrag in die Vorsorgemaßnahme gezahlt werden. Damit haben fast alle Praxen attraktive neue Möglichkeiten, die zwar ursprünglich für die Belegschaft gedacht waren, aber im Rahmen der Beschäftigung von Familienangehörigen auch zur eigenen Altersvorsorge genutzt werden können.

XI. Was jetzt jeder Arbeitgeber tun sollte

Auf Grund der Komplexität des Gesamtthemas sollte man sich unbedingt von kompetenten Experten zur betrieblichen Altersvorsorge beraten lassen.

Da dieses Themenfeld umfangreiches sowie aktuelles Spezialwissen verlangt, sollten die entsprechenden Berater sorgfältig ausgewählt werden. Am besten geht man gut vorbereitet mit den offenen Punkten und Fragen in das Beratungsgespräch und lässt sich ausführlich informieren.

Durch die persönlichen Präferenzen und betrieblichen Ziele sollte dann mit einem Rechtsanwalt eine Versorgungsordnung erstellt werden. Hierbei sind die individuellen Vorgaben zu berücksichtigen und vorhandene Verträge und Anbieter am besten miteinzubeziehen. Nur so erhalten Arbeitgeber eine wirkliche Entlastung zu dem komplexen Thema der betriebliche Altersvorsorge.

Besonderes Augenmerk sollte auch auf die Kommunikation und Information des Themas innerhalb der Belegschaft gelegt werden. Hier sollte jeder Arbeitgeber die Informationspflichten auf externe Spezialisten auslagern, um die Beratungselemente für die Mitarbeiter gemeinsam mit Fachleuten zusammenzustellen. Nur wenn diese gemeinsame Strategie umgesetzt wird, kann die betriebliche Altersvorsorge zum Erfolgsmodell werden. Dann sind die bestehenden Mitarbeiter motiviert und bleiben deutlich länger als bisher der Praxis treu. Neue Mitarbeiter bewerten eine attraktive Altersvorsorge als besonderes Merkmal für gute Arbeitgeber.

Alle Arbeitgeber, die sich mit diesem Thema nicht im Detail auskennen, sollten sich zu ihrer eigenen Sicherheit eine passende Hilfestellung suchen und das Gesetz schnellstmöglich umsetzen.

XII. Besonders wichtige Stellen im Gesetz

§ 1 BetrAVG - Zusage des Arbeitgebers auf betriebliche Altersversorgung

(1) Werden einem Arbeitnehmer Leistungen der Alters-, Invaliditäts- oder Hinterbliebenenversorgung aus Anlass seines Arbeitsverhältnisses vom Arbeitgeber zugesagt (betriebliche Altersversorgung), gelten die Vorschriften dieses Gesetzes. Die Durchführung der betrieblichen Altersversorgung kann unmittelbar über den Arbeitgeber oder über einen der in § 1b Abs. 2 bis 4 genannten Versorgungsträger erfolgen. Der Arbeitgeber steht für die Erfüllung der von ihm zugesagten Leistungen auch dann ein, wenn die Durchführung nicht unmittelbar über ihn erfolgt.

(2) Betriebliche Altersversorgung liegt auch vor, wenn
1.
der Arbeitgeber sich verpflichtet, bestimmte Beiträge in eine Anwartschaft auf Alters-, Invaliditäts- oder Hinterbliebenenversorgung umzuwandeln (beitragsorientierte Leistungszusage),
2.
der Arbeitgeber sich verpflichtet, Beiträge zur Finanzierung von Leistungen der betrieblichen Altersversorgung an einen Pensionsfonds, eine Pensionskasse oder eine Direktversi-

cherung zu zahlen und für Leistungen zur Altersversorgung das planmäßig zuzurechnende Versorgungskapital auf der Grundlage der gezahlten Beiträge (Beiträge und die daraus erzielten Erträge), mindestens die Summe der zugesagten Beiträge, soweit sie nicht rechnungsmäßig für einen biometrischen Risikoausgleich verbraucht wurden, hierfür zur Verfügung zu stellen (Beitragszusage mit Mindestleistung),

2a.

der Arbeitgeber durch Tarifvertrag oder auf Grund eines Tarifvertrages in einer Betriebs- oder Dienstvereinbarung verpflichtet wird, Beiträge zur Finanzierung von Leistungen der betrieblichen Altersversorgung an einen Pensionsfonds, eine Pensionskasse oder eine Direktversicherung nach § 22 zu zahlen; die Pflichten des Arbeitgebers nach Absatz 1 Satz 3, § 1a Absatz 4 Satz 2, den §§ 1b bis 6 und 16 sowie die Insolvenzsicherungspflicht nach dem Vierten Abschnitt bestehen nicht (reine Beitragszusage),

3.

künftige Entgeltansprüche in eine wertgleiche Anwartschaft auf Versorgungsleistungen umgewandelt werden (Entgeltumwandlung) oder

4.

der Arbeitnehmer Beiträge aus seinem Arbeitsentgelt zur Finanzierung von Leistungen der betrieblichen Altersversorgung an einen Pensionsfonds, eine Pensionskasse oder eine Direktversicherung leistet und die Zusage des Arbeitgebers auch die Leistungen aus diesen Beiträgen umfasst; die Regelungen für Entgeltumwandlung sind hierbei entsprechend anzuwenden, soweit die zugesagten Leistungen aus diesen Beiträgen im Wege der Kapitaldeckung finanziert werden.

§ 1a BetrAVG - Anspruch auf betriebliche Altersversorgung durch Entgeltumwandlung

(1) Der Arbeitnehmer kann vom Arbeitgeber verlangen, dass von seinen künftigen Entgeltansprüchen bis zu 4 vom

Hundert der jeweiligen Beitragsbemessungsgrenze in der allgemeinen Rentenversicherung durch Entgeltumwandlung für seine betriebliche Altersversorgung verwendet werden. Die Durchführung des Anspruchs des Arbeitnehmers wird durch Vereinbarung geregelt. Ist der Arbeitgeber zu einer Durchführung über einen Pensionsfonds oder eine Pensionskasse (§ 1b Abs. 3) oder über eine Versorgungseinrichtung nach § 22 bereit, ist die betriebliche Altersversorgung dort durchzuführen; andernfalls kann der Arbeitnehmer verlangen, dass der Arbeitgeber für ihn eine Direktversicherung (§ 1b Abs. 2) abschließt. Soweit der Anspruch geltend gemacht wird, muss der Arbeitnehmer jährlich einen Betrag in Höhe von mindestens einem Hundertsechzigstel der Bezugsgröße nach § 18 Abs. 1 des Vierten Buches Sozialgesetzbuch für seine betriebliche Altersversorgung verwenden. Soweit der Arbeitnehmer Teile seines regelmäßigen Entgelts für betriebliche Altersversorgung verwendet, kann der Arbeitgeber verlangen, dass während eines laufenden Kalenderjahres gleich bleibende monatliche Beträge verwendet werden.
(1a) Der Arbeitgeber muss 15 Prozent des umgewandelten Entgelts zusätzlich als Arbeitgeberzuschuss an den Pensionsfonds, die Pensionskasse oder die Direktversicherung weiterleiten, soweit er durch die Entgeltumwandlung Sozialversicherungsbeiträge einspart.

(2) Soweit eine durch Entgeltumwandlung finanzierte betriebliche Altersversorgung besteht, ist der Anspruch des Arbeitnehmers auf Entgeltumwandlung ausgeschlossen.

(3) Soweit der Arbeitnehmer einen Anspruch auf Entgeltumwandlung für betriebliche Altersversorgung nach Abs. 1 hat, kann er verlangen, dass die Voraussetzungen für eine Förderung nach den §§ 10a, 82 Abs. 2 des Einkommensteuergesetzes erfüllt werden, wenn die betriebliche Altersversorgung über einen Pensionsfonds, eine Pensionskasse oder eine Direktversicherung durchgeführt wird.

(4) Falls der Arbeitnehmer bei fortbestehendem Arbeitsverhältnis kein Entgelt erhält, hat er das Recht, die Versicherung oder Versorgung mit eigenen Beiträgen fortzusetzen. Der Arbeitgeber steht auch für die Leistungen aus diesen Beiträgen ein. Die Regelungen über Entgeltumwandlung gelten entsprechend.

§ 1b BetrAVG - Unverfallbarkeit und Durchführung der betrieblichen Altersversorgung

(1) Einem Arbeitnehmer, dem Leistungen aus der betrieblichen Altersversorgung zugesagt worden sind, bleibt die Anwartschaft erhalten, wenn das Arbeitsverhältnis vor Eintritt des Versorgungsfalls, jedoch nach Vollendung des 21. Lebensjahres endet und die Versorgungszusage zu diesem Zeitpunkt mindestens drei Jahre bestanden hat (unverfallbare Anwartschaft). Ein Arbeitnehmer behält seine Anwartschaft auch dann, wenn er aufgrund einer Vorruhestandsregelung ausscheidet und ohne das vorherige Ausscheiden die Wartezeit und die sonstigen Voraussetzungen für den Bezug von Leistungen der betrieblichen Altersversorgung hätte erfüllen können. Eine Änderung der Versorgungszusage oder ihre Übernahme durch eine andere Person unterbricht nicht den Ablauf der Fristen nach Satz 1. Der Verpflichtung aus einer Versorgungszusage stehen Versorgungsverpflichtungen gleich, die auf betrieblicher Übung oder dem Grundsatz der Gleichbehandlung beruhen. Der Ablauf einer vorgesehenen Wartezeit wird durch die Beendigung des Arbeitsverhältnisses nach Erfüllung der Voraussetzungen der Sätze 1 und 2 nicht berührt. Wechselt ein Arbeitnehmer vom Geltungsbereich dieses Gesetzes in einen anderen Mitgliedstaat der Europäischen Union, bleibt die Anwartschaft in gleichem Umfange wie für Personen erhalten, die auch nach Beendigung eines Arbeitsverhältnisses innerhalb des Geltungsbereichs dieses Gesetzes verbleiben.

(2) Wird für die betriebliche Altersversorgung eine Lebensversicherung auf das Leben des Arbeitnehmers durch den Arbeitgeber abgeschlossen und sind der Arbeitnehmer oder seine Hinterbliebenen hinsichtlich der Leistungen des Versicherers ganz oder teilweise bezugsberechtigt (Direktversicherung), so ist der Arbeitgeber verpflichtet, wegen Beendigung des Arbeitsverhältnisses nach Erfüllung der in Absatz 1 Satz 1 und 2 genannten Voraussetzungen das Bezugsrecht nicht mehr zu widerrufen. Eine Vereinbarung, nach der das Bezugsrecht durch die Beendigung des Arbeitsverhältnisses nach Erfüllung der in Absatz 1 Satz 1 und 2 genannten Voraussetzungen auflösend bedingt ist, ist unwirksam. Hat der Arbeitgeber die Ansprüche aus dem Versicherungsvertrag abgetreten oder beliehen, so ist er verpflichtet, den Arbeitnehmer, dessen Arbeitsverhältnis nach Erfüllung der in Absatz 1 Satz 1 und 2 genannten Voraussetzungen geendet hat, bei Eintritt des Versicherungsfalles so zu stellen, als ob die Abtretung oder Beleihung nicht erfolgt wäre. Als Zeitpunkt der Erteilung der Versorgungszusage im Sinne des Absatzes 1 gilt der Versicherungsbeginn, frühestens jedoch der Beginn der Betriebszugehörigkeit.

(3) Wird die betriebliche Altersversorgung von einer rechtsfähigen Versorgungseinrichtung durchgeführt, die dem Arbeitnehmer oder seinen Hinterbliebenen auf ihre Leistungen einen Rechtsanspruch gewährt (Pensionskasse und Pensionsfonds), so gilt Absatz 1 entsprechend. Als Zeitpunkt der Erteilung der Versorgungszusage im Sinne des Absatzes 1 gilt der Versicherungsbeginn, frühestens jedoch der Beginn der Betriebszugehörigkeit.

(4) Wird die betriebliche Altersversorgung von einer rechtsfähigen Versorgungseinrichtung durchgeführt, die auf ihre Leistungen keinen Rechtsanspruch gewährt (Unterstützungskasse), so sind die nach Erfüllung der in Absatz 1 Satz 1 und 2 genannten Voraussetzungen und vor Eintritt des Versorgungsfalles aus dem Unternehmen ausgeschiedenen

Arbeitnehmer und ihre Hinterbliebenen den bis zum Eintritt des Versorgungsfalles dem Unternehmen angehörenden Arbeitnehmern und deren Hinterbliebenen gleichgestellt. Die Versorgungszusage gilt in dem Zeitpunkt als erteilt im Sinne des Absatzes 1, von dem an der Arbeitnehmer zum Kreis der Begünstigten der Unterstützungskasse gehört.

(5) Soweit betriebliche Altersversorgung durch Entgeltumwandlung einschließlich eines möglichen Arbeitgeberzuschusses nach § 1a Absatz 1a erfolgt, behält der Arbeitnehmer seine Anwartschaft, wenn sein Arbeitsverhältnis vor Eintritt des Versorgungsfalles endet; in den Fällen der Absätze 2 und 3

1.

dürfen die Überschussanteile nur zur Verbesserung der Leistung verwendet,

2.

muss dem ausgeschiedenen Arbeitnehmer das Recht zur Fortsetzung der Versicherung oder Versorgung mit eigenen Beiträgen eingeräumt und

3.

muss das Recht zur Verpfändung, Abtretung oder Beleihung durch den Arbeitgeber ausgeschlossen werden.

Im Fall einer Direktversicherung ist dem Arbeitnehmer darüber hinaus mit Beginn der Entgeltumwandlung ein unwiderrufliches Bezugsrecht einzuräumen.

§ 4a BetrAVG - Auskunftspflichten

(1) Der Arbeitgeber oder der Versorgungsträger hat dem Arbeitnehmer auf dessen Verlangen mitzuteilen,

1.

ob und wie eine Anwartschaft auf betriebliche Altersversorgung erworben wird,

2.

wie hoch der Anspruch auf betriebliche Altersversorgung aus der bisher erworbenen Anwartschaft ist und bei Erreichen der in der Versorgungsregelung vorgesehenen Altersgrenze voraussichtlich sein wird,

3.

wie sich eine Beendigung des Arbeitsverhältnisses auf die Anwartschaft auswirkt und

4.

wie sich die Anwartschaft nach einer Beendigung des Arbeitsverhältnisses entwickeln wird.

(2) Der Arbeitgeber oder der Versorgungsträger hat dem Arbeitnehmer oder dem ausgeschiedenen Arbeitnehmer auf dessen Verlangen mitzuteilen, wie hoch bei einer Übertragung der Anwartschaft nach § 4 Absatz 3 der Übertragungswert ist. Der neue Arbeitgeber oder der Versorgungsträger hat dem Arbeitnehmer auf dessen Verlangen mitzuteilen, in welcher Höhe aus dem Übertragungswert ein Anspruch auf Altersversorgung bestehen würde und ob eine Invaliditäts- oder Hinterbliebenenversorgung bestehen würde.

(3) Der Arbeitgeber oder der Versorgungsträger hat dem ausgeschiedenen Arbeitnehmer auf dessen Verlangen mitzuteilen, wie hoch die Anwartschaft auf betriebliche Altersversorgung ist und wie sich die Anwartschaft künftig entwickeln wird. Satz 1 gilt entsprechend für Hinterbliebene im Versorgungsfall.

(4) Die Auskunft muss verständlich, in Textform und in angemessener Frist erteilt werden.

§ 18a BetrAVG - Verjährung

Der Anspruch auf Leistungen aus der betrieblichen Altersversorgung verjährt in 30 Jahren. Ansprüche auf regelmäßig wiederkehrende Leistungen unterliegen der regelmäßigen Verjährungsfrist nach den Vorschriften des Bürgerlichen Gesetzbuchs.

4. Kapitel - Marketing für die Praxis

Die meisten Praxen können sich vor Patientenanfragen kaum retten. Dies liegt insbesondere im Fachkräftemangel begründet. Allerdings gibt es eine Vielzahl von Gründen, weshalb Praxen dann doch nicht hinreichend ausgelastet sind, sei es, dass diese eine Nische bedienen oder expandieren und hier die Auslastung noch nicht ausreichend ist. Mithin gibt es eine Vielzahl von Anlässen, für welche sich Marketing anbietet, so dass Grundzüge diesbezüglich bei jedem Praxisinhaber vorhanden sein sollten.

I. Werberecht und Einschränkung

In Deutschland gilt grundsätzlich die Werbefreiheit. Somit können auch Akteure im Gesundheitswesen zunächst einmal nach Belieben werben. Allerdings existierten hier auf der anderen Seite erhebliche Einschränkungen.

Einschränkungen entstehen vor allem durch das Gesetz gegen den unlauteren Wettbewerb (UWG) und das Heilmittelwerbegesetz (HWG). Sofern die Praxis über eine Kassenzulassung verfügt, ergibt sich aus dem Vertrag mit den Krankenkassen darüber hinaus auch üblicherweise, dass man sich an die dargestellten Gesetze halten muss und im Falle eines Verstoßes dagegen sogar die Krankenversicherungen Vertragsstrafen geltend machen können. Dies geschieht in der Tat sehr selten. Bei heftigen Verstößen kann derartiges allerdings geschehen.

Das Unangenehme am Wettbewerbsrecht ist, dass das Gesetz sehr pauschale Regelungen vorsieht und hier immer eine Einzelfallprüfung zu erfolgen hat, um beurteilen zu können, ob eine Werbung zulässig ist oder eben nicht. Einen abschließenden Katalog hierfür gibt es nicht. Letztlich muss man sich mit einer Vielzahl von Gerichtsentscheidungen auseinandersetzen, um ansatzweise beurteilen zu können, ob eine konkrete Art der Werbung zulässig ist oder nicht. Somit liegt vor allem im Weberecht im wesentlichen Richterrecht vor und hier haben die Gerichte insgesamt einen großen Spielraum. Da man sich allerdings im Wettbewerbsrecht nicht darauf verlassen sollte, dass Richter Mitleid mit Werbenden haben, sollte größte Vorsicht an den Tag gelegt werden. Gerichte sind in diesem Bereich meist sehr streng und untersagen viele Arten der Werbung, sofern diese ansatzweise nicht statthaft sind.

Sollte sich niemand wegen einer unzulässigen Werbung beschweren, geschieht zunächst einmal nichts. Kritisch wird es, wenn ein Mitbewerber oder ein Wettbewerbsverein Grund zur Beanstandung hat und hier tätig sein will. Im Rahmen des Gesundheitswesens wird üblicherweise von einer Mitbewerberschaft ausgegangen, wenn ein Betrieb vergleichbare Leistungen anbietet und nicht weiter als 25 Kilometer entfernt seinen Sitz hat. Es kommt allerdings immer auf den Einzelfall an. Wenn es um eine sehr hohe Spezialisierung geht, kann der Einzugsbereich noch deutlicher größer sein. Dies muss im Einzelfall entschieden werden. Manchmal wundert man sich allerdings, wer tatsächlich in Betracht kommt und Mitbewerber sein kann. In Falle einer physiotherapeutischen Praxis kann beispielsweise Mitbewerber jede Massagepraxis sein sowie jede Praxis eines Heilpraktikers oder jede Arztpraxis. Je nachdem, wo die Praxis also gelegen ist, bieten sich im entsprechenden Umkreis möglicherweise Szenarien, in welchen eine vierstellige Anzahl an Mitbewerbern denkbar ist. Sollte sich einer dieser Mitbewerber also an der Werbung stören, könnte es Ärger geben. Gleiches gilt eben für sogenannten Wettbewerbsvereine. Hierbei handelt es sich um Vereine, welche als Vereinszweck die Gewährleistung eines fairen Wettbewerbs haben und somit gegen Akteure vorgehen dürfen, welche unzulässigerweise werben. Sollte sich also ein Mitbewerber oder Wettbewerbsverein an der Werbung stören, könnte es zu einer Abmahnung kommen.

Eine erste Abmahnung durch einen Wettbewerbsverein ist meist finanziell noch recht überschaubar und liegt üblicherweise nur bei wenigen hundert Euro. Dies ist allerdings nicht zwingend gewährleistet. Bei einer Abmahnung, welche durch einen Mitbewerber ausgesprochen wird, muss jedenfalls von höheren Kosten ausgegangen werden.

So würde der übliche Weg sein, dass der Mitbewerber zunächst einen Rechtsanwalt aufsucht und diesen Rechtsanwalt beauftragt eine Abmahnung auszusprechen. Der Rechtsanwalt berechnet seinem Auftraggeber ein Honorar, welches von dem Auftraggeber zu zahlen ist. In den meisten wettbewerbsrechtlichen Fällen liegt dieses schon bei mindestens 1.000,00 €. Es kann jedoch auch deutlicher höher liegen. Der Rechtsanwalt schreibt dann den Praxisinhaber an, welchem das Fehlverhalten zur Last gelegt wird. Dieser wird zum einen dazu aufgefordert, das Verhalten zu unterlassen und wird dazu angehalten, die Rechtsanwaltskosten zu ersetzen, so dass eine Rückzahlung dieser Rechtsanwaltskosten an den Mitbewerber stattfinden kann, weil dieser schließlich nichts falsch gemacht hat. Der Abmahner begehrt darüber hinaus üblicherweise eine Unterlassungserklärung, so dass der Abgemahnte sich dazu verpflichtet, ganz erhebliche Geldzahlungen an den Abmahner zu zahlen, falls es erneut zu wettbewerbsrechtlichen Verstößen gleichgelagerter Art kommt. Hier bedarf es unbedingt einer rechtlichen Beratung des Abgemahnten, so dass dieser nicht unbedarft zu hohe Zahlungen leistet oder Unterlassungserklärungen unterzeichnet, welche diesen in erhebliche finanzielle Notlage bringt. So kann die unbedarfte Unterzeichnung einer Unterlassungserklärung schnell im Wettbewerbsrecht zu Zahlungsverpflichtungen im fünfstelligen Bereich führen.

Nun soll allerdings auch erläutert werden, welche Art der Werbung üblicherweise beanstandet werden kann.

II. Gesetz gegen den unlauteren Wettbewerb (UWG)

Nach dem Gesetz gegen den unlauteren Wettbewerb ist es grundsätzlich verboten, sich unberechtigt besser darzustellen, als man eigentlich ist. Zudem ist die Werbung mit Selbstverständlichkeiten verboten, sofern die Werbung damit recht prominent erfolgt.

Wahrscheinlich wird man sich nunmehr immer noch nicht viel darunter vorstellen können, weshalb es jetzt zur Erläuterung konkreter Beispiele kommen soll.

Ein Betrieb, welcher sich beispielsweise »Rehazentrum« nennt, muss ambulante Rehabilitation anbieten.

Ein Betrieb, welcher den Titel »Gesundheitszentrum« trägt, muss zwingend sicherstellen, dass alle Kranken, welche den Betrieb betreten, gesund den Betrieb verlassen. Dies dürfte im Regelfall schwierig werden.

Die Bezeichnung als Zentrum oder Center ist darüber hinaus nur zulässig, wenn dem Betrieb eine überregionale Bedeutung zukommt. Dies hängt vom Einzelfall ab. Entweder muss der Betrieb also über eine große Anzahl an Mitarbeitern verfügen, so dass diese überregionale Bedeutung angenommen werden kann oder er gibt Leistungen ab, welche in der Region üblicherweise nicht zu erhalten sind. Beide Voraussetzungen können sich in der Lebenswirklichkeit schnell ändern, weshalb der Begriff des Zentrums oder des Centers eher zu vermeiden ist. Dabei ist allerdings auch festzustellen, dass eine Vielzahl von Betrieben derartige Begriffe unzulässig verwendet. Hier ist wiederum zu berücksichtigen, dass in der Tat wettbewerbsrechtliche Probleme nur bestehen, wenn sich jemand an der Werbung stört. Sofern Wettbewerbsvereine oder Mitbewerber keinen Grund zur Beanstandung sehen, weil diese beispielsweise ein kollegiales Miteinander schätzen, ist die Werbung unkritisch.

Sehr beliebt sind die Bezeichnungen »Manualtherapeut«, »Bobaththerapeut« oder »Lymphtherapeut«.

Alle drei Begriffe sind allerdings unzulässig, weil diese darauf hindeuten, dass es sich um eigenständige Berufe handelt. Dies ist jedoch nicht der Fall. Es handelt sich bei allen drei Berufen üblicherweise um Angehörige der Berufsgruppe der Masseure und medizinische Bademeister oder Physiotherapeuten mit entsprechender Zusatzqualifikation. Dies darf auch ohne weiteres dargestellt werden. Die tatsächlichen Begriffe der verschiedenen therapeutischen Berufe existieren allerdings eben nicht und dürfen somit auch nicht Verwendung finden.

Viele Praxen mit Kassenzulassung schreiben auf Ihr Schild den Hinweis »Alle Kassen«.

Gerichte haben dies allerdings bereits derart ausgelegt, dass Patienten davon ausgehen können, dass alle Leistungen der Praxis immer von den gesetzlichen Krankenversicherungen bezahlt werden. Dies trifft allerdings mitnichten zu. So wäre es denkbar, den Hinweis »Alle Kassen nach ärztlicher Verordnung« anzubringen. Allerdings darf insgesamt hinterfragt werden, welche Zweckmäßigkeit dieser Hinweis auf einem Schild hat. Meistens findet dieser sich nur auf Schildern, weil Praxisinhaber sich an Praxisschildern anderer Praxen orientiert haben, ohne wirklich diesen Hinweis kritisch zu hinterfragen. So kann man davon ausgehen, dass Privatpraxen schon darauf hinweisen, dass es sich um eine Privatpraxis handelt und somit bei Kassenpraxen gar keine Notwendigkeit besteht, auf die Kassenzulassung hinzuweisen.

Sehr beliebt sind Bezeichnungen wie »staatlich anerkannter Physiotherapeut« oder »staatlich geprüfter Logopäde«. Allerdings sind die Berufe der Physiotherapeuten, der Ergotherapeuten, der Logopäden oder der Podologen gesetzlich geregelt und es darf sich jemand nur so nennen, welcher eine staatlich anerkannte oder staatlich geprüfte Ausbildung erfolgreich absolviert und die Berufsurkunde verliehen bekommen hat. Somit gibt es keine nicht staatlich anerkannten oder staatlich geprüften Physiotherapeuten, Ergotherapeuten, Logopäden oder Podologen. Weil es sich also um ein Selbstverständlichkeit handelt, darf damit gerade nicht geworben werden.

Folglich sollten derartige Werbebemühungen zwingend abgeändert werden, bevor es zu einer Abmahnung mit der Folge erheblicher Kosten kommt.

III. Heilmittelwerbegesetz (HWG)

Das Heilmittelwerbegesetz richtet sich an alle Heilberufe. Geschützt werden soll damit der Patient, welcher nicht in die Irre geführt werden soll.

Allgemein lässt sich festhalten, dass Heilversprechen aufgrund einer Problematik der Evidenz immer verboten sind. Darauf wird jedoch im Folgenden noch einzugehen sein.

Das Heilmittelwerbegesetz umfasst mehr konkrete Regelungen im Gesetzestext als das Gesetz gegen den unlauteren Wettbewerb. Allerdings handelt es sich hierbei auch regelmäßig um Formulierungen, welcher der weiteren Erläuterung bedürfen.

In § 7 HWG sind Werbegaben geregelt. Hierbei handelt es sich um ein eher unübliches Wort. Gemeint sind damit Werbegeschenke. Geregelt ist jedenfalls, dass es sich bei derartigen Werbegeschenken nur um solche handeln darf, welche einen geringen Wert haben.

Ein geringer Wert ist dem Grunde nach ein sehr subjektiver Begriff. Der Bundesgerichtshof hat verbindlich festgelegt, dass bei dem Betrag von 1,00 € der geringe Wert bereits überschritten ist. Folglich dürfen Akteure im Gesundheitswesen maximal Werbegeschenke mit einem Wert von 0,99 € machen. Somit sind eine Vielzahl von möglichen Werbegeschenken ausgeschlossen. Dies gilt im Rahmen der Physiotherapie beispielsweise schon für eine kostenlose Fangopackung oder Wärmebehandlung. Erst recht verboten ist ein Zuzahlungsverzicht, wenn dieser wegen bestehender Zuzahlungsbefreiung nicht vorgesehen ist.

Möglich wäre es, beispielsweise Werbekugelschreiber zu verteilen oder Stofftüten mit einem Praxislogo. Aufgrund des aktuellen Umweltgedankens und der Nachhaltigkeit derartiger Stoffbeutel, welche von den Beschenkten üblicherweise gehegt und gepflegt sowie gewaschen und gebügelt werden, bietet es sich an, derartige Stoffbeutel produzieren zu lassen. Im Rahmen einer umfangreichen Bestellung wäre es üblicherweise möglich, derartige bedruckte Stoffbeutel zum Preis unter 1,00 € pro Stück zu erhalten. Auch Getränke wie beispielsweise ein Kaffee oder ein Glas Wasser dürften im Regelfall unkritisch sein.

Jegliche Arten von Rabattierungen wie beispielsweise eine kostenfreie Behandlung nach neun bezahlten Behandlungen, ist grob unzulässig und jedenfalls im Heilbereich nicht statthaft. Sofern es sich um Wellnessanwendungen handelt, könnte von einer Nichteinschlägigkeit des HWG gesprochen werden. Wenn allerdings mit einer solchen Werbung eigentlich auch Werbung für eine Heilmittelpraxis betrieben wird, kann ein Synergieeffekt angenommen werden, welcher dann dazu führt, dass auch eine Rabattierung von Nicht-Heilbehandlungen kritisch werden kann.

Schon ein Tag der offenen Tür mit Getränken und Leckereien kann untersagt sein, wenn diese Aufmerksamkeiten an Besucher der Veranstaltung pro Besucher 0,99 € übersteigen. Gleiches gilt für Praxisjubiläen oder ähnliche Veranstaltungen.

§ 11 des Heilmittelwerbegesetzes regelt die Werbung mit Äußerungen Dritter. Betroffen davon sind sogenannte

Dank-, Anerkennung- oder Empfehlungsschreiben, welche nur in beschränkter Art und Weise gestattet sind.

Die Rechtslage ist hier teilweise sehr undurchsichtig.

Es darf schon darauf hingewiesen werden, dass Geburtstagskarten an Patienten als sehr kritisch anzusehen sind, weil es sich hier üblicherweise um einen Missbrauch der personenbezogenen Daten der Patienten handelt. Somit dürfen Geburtstagskarten an Patienten eigentlich nur geschickt werden, wenn der Patient seine schriftliche Einwilligung dazu erteilt hat. Sollte man dennoch und ohne schriftliche Einwilligung Geburtstagskarten versenden, könnte ein Schmerzensgeld- bzw. Schadensersatzanspruch entstehen.

Vergleichbar ist die Situation bei Kondolenzkarten. Sofern Angehörigen kondoliert wird, handelt es sich üblicherweise um einen Schweigepflichtsverstoß, welcher dann sogar dazu führen kann, dass der tote Patient finanzielle Ansprüche erhält, welche dann von Angehörigen geerbt werden. Eine erhebliche Zahlungsverpflichtung kann sich dadurch ergeben.

Gästebücher auf Internetseiten sind zu vermeiden, weil diese üblicherweise wettbewerbsrechtliche Probleme erzeugen.

Einträge auf sozialen Medien wie beispielsweise auf Facebook sind mit Vorsicht zu genießen. So ist die Darstellung eines Therapeuten durchaus denkbar. Sollten allerdings Patienten dann in diesem Zusammenhang darauf hinweisen, dass es sich um einen sehr guten Therapeuten handelt, welcher ihnen geholfen hat, kann dies bereits unzulässig sein, weshalb die Kommentarfunktion in einem solchen Fall zwingend abzustellen ist.

Allgemein kann zum jetzigen Zeitpunkt erwähnt werden, dass Einträge in Business-Profilen bei Suchmaschinen wie Google oder in Bewertungsportalen wie Jameda üblicherweise nicht Gegenstand von Abmahnungen und wahrscheinlich zum jetzigen Zeitpunkt werberechtlich noch unkritisch sind.

Besonders kritisch sind allerdings die Formulierungsverbote in Form von sogenannten Heilversprechen.

Hier ist zu unterscheiden zwischen klassischen Heilversprechen, welche eigentlich jedem bekannt sein sollten, und modernen Heilversprechen. Klassische Heilversprechen könnten beispielsweise wie folgt lauten:

- »Krankengymnastik hilft Ihnen bei Rückenschmerzen!«
- »Massagen in unserer Praxis lockern Ihre Verspannungen!«
- »Sie fühlen sich nach der Behandlung besser!«

Derartige Aussagen sind eben unzulässig, weil hier gewährleistet werden muss, dass die Aussagen auch zutreffen. Im Einzelfall kann es jedoch sein, dass gerade diese Behandlung keinerlei Wirkungen oder zumindest keine positiven Wirkungen erzielen, weshalb diese Aussagen nicht zulässig sind.

Moderne Heilversprechen sind wesentlich subtiler und gar nicht so leicht zu erkennen.

Gerichte legen hier jedoch oftmals sogar den Maßstab an, dass auf ein verbotenes Heilversprechen zu erkennen ist, wenn einer von hundert Empfängern der Werbung, sei es auf einer Internetseite oder mit Flyern davon ausgeht, dass eine Linderung seiner Beschwerden tatsächlich eintritt. Somit ist die Schwelle sehr schnell überschritten.

Aussagen wie »physiotherapeutische Behandlungen können bei folgenden Beschwerden helfen:« oder »Physiotherapie kann bei folgenden Beschwerden angewandt werden:« sind insoweit unzulässig.

Viele Praxen verweisen auf Krankheitsbilder oder Indikationen, bei welchen die Behandlungen angewendet werden können. Wenn dies erfolgt, muss allerdings nachgewiesen werden, dass eine Behandlung auch tatsächlich zu einer Genesung oder Verbesserung des Gesundheitszustandes führt.

Genau dies kann allerdings im Regelfall nicht nachgewiesen werden. Die meisten Gerichte erwarten betreffend des Nachweises eine placebo-kontrollierte Doppelblindstudie nach dem Goldstandard. Derartige Studien existieren jedoch in deutscher Sprache gerade nicht, weshalb derartige Werbeaussagen zwingend zu vermeiden sind.

IV. Erlaubte Werbung

Nachdem nunmehr viele Unzulässigkeiten dargestellt wurden, welche zwingend zu verhindern sind, sollte man die eigene Werbepräsenz überprüfen und anpassen, so dass diese »Fettnäpfchen« verhindert werden.

Meist kommt es allerdings auch tatsächlich nicht darauf an, wo geworben wird. Üblicherweise kommt es auf das »Wie« an. So spielt es keine Rolle, ob auf Trikots einer Sportmannschaft, auf Kraftfahrzeugen oder Schildern geworben wird. Wichtig ist der Inhalt.

Sofern auf Schildern geworben wird, muss natürlich darauf geachtet werden, dass eine Genehmigung für ein solches Schild vorliegt. Sollte das Schild an einer Immobilie angebracht werden, welche nicht im Eigentum des Werbenden steht, muss ein Einverständnis vom Vermieter eingeholt werden. Darüber hinaus ist bei großen Schildern beim Bauamt üblicherweise eine Baugenehmigung einzuholen. Die meisten Gemeinden verlangen eine solche Baugenehmigung bei Schildern mit einer Größe von über 1 Quadratmeter.

Seit dem Oktober 2014, zu welchem eine Werberechtsreform in Kraft getreten ist, darf sowohl der Patient wie auch der Therapeut abgebildet werden. Dies war bis dahin strengstens verboten. Die Werbung darf auch den Therapeuten während der Therapie oder in Arbeitskleidung darstellen. Allerdings bedarf es eben einer hinreichenden Einwilligungserklärung sowohl des Patienten wie auch des angestellten Therapeuten oder angestellten Personals.

So muss in der Einverständniserklärung zum einen dargestellt werden, welche Bilder genutzt werden, auf welchen Plattformen dies erfolgt, wer Zugriff darauf hat und es muss im Falle des Patienten dargestellt werden, dass dieser genauso behandelt wird, wenn er die Verwendung der Bilder nicht wünscht, als wenn er eingewilligt hätte.

Bei Arbeitnehmern muss darauf hingewiesen werden, dass diese weder abgemahnt noch gekündigt werden, wenn sie der Nutzung der Bilder widersprechen. Ohne eine solche hinreichende Einverständniserklärung darf die Nutzung nicht stattfinden und kann zu Schmerzensgeld- und/oder Schadensersatzforderungen in erheblicher Höhe führen.

Gestattet sind beispielsweise auch Formulierungen wie: »Wir bieten Ihnen mit unserem hochqualifizierten und sehr motivierten Team eine Vielzahl therapeutischer Behandlungen an.« Eine Vielzahl weiterer Formulierungen wären denkbar, wobei es immer auf den Einzelfall ankommt.

Jedenfalls lohnt es, sich mit den eigenen werberechtlichen Bemühungen vertieft auseinanderzusetzen, um Abmahnungen zuvor zu kommen.

V. Besonders wichtige Stellen im Gesetz

§ 5 UWG - Irreführende geschäftliche Handlungen

(1) Unlauter handelt, wer eine irreführende geschäftliche Handlung vornimmt, die geeignet ist, den Verbraucher oder sonstigen Marktteilnehmer zu einer geschäftlichen Entscheidung zu veranlassen, die er andernfalls nicht getroffen hätte. Eine geschäftliche Handlung ist irreführend, wenn sie unwahre Angaben enthält oder sonstige zur Täuschung geeignete Angaben über folgende Umstände enthält:

1.

die wesentlichen Merkmale der Ware oder Dienstleistung wie Verfügbarkeit, Art, Ausführung, Vorteile, Risiken, Zu-

sammensetzung, Zubehör, Verfahren oder Zeitpunkt der Herstellung, Lieferung oder Erbringung, Zwecktauglichkeit, Verwendungsmöglichkeit, Menge, Beschaffenheit, Kundendienst und Beschwerdeverfahren, geographische oder betriebliche Herkunft, von der Verwendung zu erwartende Ergebnisse oder die Ergebnisse oder wesentlichen Bestandteile von Tests der Waren oder Dienstleistungen;

2.

den Anlass des Verkaufs wie das Vorhandensein eines besonderen Preisvorteils, den Preis oder die Art und Weise, in der er berechnet wird, oder die Bedingungen, unter denen die Ware geliefert oder die Dienstleistung erbracht wird;

3.

die Person, Eigenschaften oder Rechte des Unternehmers wie Identität, Vermögen einschließlich der Rechte des geistigen Eigentums, den Umfang von Verpflichtungen, Befähigung, Status, Zulassung, Mitgliedschaften oder Beziehungen, Auszeichnungen oder Ehrungen, Beweggründe für die geschäftliche Handlung oder die Art des Vertriebs;

4.

Aussagen oder Symbole, die im Zusammenhang mit direktem oder indirektem Sponsoring stehen oder sich auf eine Zulassung des Unternehmers oder der Waren oder Dienstleistungen beziehen;

5.

die Notwendigkeit einer Leistung, eines Ersatzteils, eines Austauschs oder einer Reparatur;

6.

die Einhaltung eines Verhaltenskodexes, auf den sich der Unternehmer verbindlich verpflichtet hat, wenn er auf diese Bindung hinweist, oder

7.

Rechte des Verbrauchers, insbesondere solche auf Grund von Garantieversprechen oder Gewährleistungsrechte bei Leistungsstörungen.

(2) Eine geschäftliche Handlung ist auch irreführend, wenn sie im Zusammenhang mit der Vermarktung von Waren oder Dienstleistungen einschließlich vergleichender Werbung eine Verwechslungsgefahr mit einer anderen Ware oder Dienstleistung oder mit der Marke oder einem anderen Kennzeichen eines Mitbewerbers hervorruft.

(3) Angaben im Sinne von Absatz 1 Satz 2 sind auch Angaben im Rahmen vergleichender Werbung sowie bildliche Darstellungen und sonstige Veranstaltungen, die darauf zielen und geeignet sind, solche Angaben zu ersetzen.

(4) Es wird vermutet, dass es irreführend ist, mit der Herabsetzung eines Preises zu werben, sofern der Preis nur für eine unangemessen kurze Zeit gefordert worden ist. Ist streitig, ob und in welchem Zeitraum der Preis gefordert worden ist, so trifft die Beweislast denjenigen, der mit der Preisherabsetzung geworben hat.

§ 3 HWG

Unzulässig ist eine irreführende Werbung. Eine Irreführung liegt insbesondere dann vor,

1.

wenn Arzneimitteln, Medizinprodukten im Sinne des § 3 Nummer 4 des Medizinproduktegesetzes in der bis einschließlich 25. Mai 2021 geltenden Fassung, Verfahren, Behandlungen, Gegenständen oder anderen Mitteln eine therapeutische Wirksamkeit oder Wirkungen beigelegt werden, die sie nicht haben,

2.

wenn fälschlich der Eindruck erweckt wird, dass

a)

ein Erfolg mit Sicherheit erwartet werden kann,

b)

bei bestimmungsgemäßem oder längerem Gebrauch keine schädlichen Wirkungen eintreten,

c)
die Werbung nicht zu Zwecken des Wettbewerbs veranstaltet wird,
3.
wenn unwahre oder zur Täuschung geeignete Angaben
a)
über die Zusammensetzung oder Beschaffenheit von Arzneimitteln, Medizinprodukten im Sinne des § 3 Nummer 4 des Medizinproduktegesetzes in der bis einschließlich 25. Mai 2021 geltenden Fassung, Gegenständen oder anderen Mitteln oder über die Art und Weise der Verfahren oder Behandlungen oder
b)
über die Person, Vorbildung, Befähigung oder Erfolge des Herstellers, Erfinders oder der für sie tätigen oder tätig gewesenen Personen
gemacht werden.

§ 6 HWG

Unzulässig ist eine Werbung, wenn
1.
Gutachten oder Zeugnisse veröffentlicht oder erwähnt werden, die nicht von wissenschaftlich oder fachlich hierzu berufenen Personen erstattet worden sind und nicht die Angabe des Namens, Berufes und Wohnortes der Person, die das Gutachten erstellt oder das Zeugnis ausgestellt hat, sowie den Zeitpunkt der Ausstellung des Gutachtens oder Zeugnisses enthalten,
2.
auf wissenschaftliche, fachliche oder sonstige Veröffentlichungen Bezug genommen wird, ohne dass aus der Werbung hervorgeht, ob die Veröffentlichung das Arzneimittel, das Verfahren, die Behandlung, den Gegenstand oder ein anderes Mittel selbst betrifft, für die geworben wird, und ohne dass der Name des Verfassers, der Zeitpunkt der Veröffentlichung und die Fundstelle genannt werden,

3.
aus der Fachliteratur entnommene Zitate, Tabellen oder sonstige Darstellungen nicht wortgetreu übernommen werden.

§ 7 HWG

(1) Es ist unzulässig, Zuwendungen und sonstige Werbegaben (Waren oder Leistungen) anzubieten, anzukündigen oder zu gewähren oder als Angehöriger der Fachkreise anzunehmen, es sei denn, dass
1.
es sich bei den Zuwendungen oder Werbegaben um Gegenstände von geringem Wert, die durch eine dauerhafte und deutlich sichtbare Bezeichnung des Werbenden oder des beworbenen Produktes oder beider gekennzeichnet sind, oder um geringwertige Kleinigkeiten handelt; Zuwendungen oder Werbegaben sind für Arzneimittel unzulässig, soweit sie entgegen den Preisvorschriften gewährt werden, die auf Grund des Arzneimittelgesetzes oder des Fünften Buches Sozialgesetzbuch gelten;
2.
die Zuwendungen oder Werbegaben in
a)
einem bestimmten oder auf bestimmte Art zu berechnenden Geldbetrag oder
b)
einer bestimmten oder auf bestimmte Art zu berechnenden Menge gleicher Ware gewährt werden;
Zuwendungen oder Werbegaben nach Buchstabe a sind für Arzneimittel unzulässig, soweit sie entgegen den Preisvorschriften gewährt werden, die aufgrund des Arzneimittelgesetzes oder des Fünften Buches Sozialgesetzbuch gelten; Buchstabe b gilt nicht für Arzneimittel, deren Abgabe den Apotheken vorbehalten ist;
3.
die Zuwendungen oder Werbegaben nur in handelsüblichem Zubehör zur Ware oder in handelsüblichen Nebenleistungen

bestehen; als handelsüblich gilt insbesondere eine im Hinblick auf den Wert der Ware oder Leistung angemessene teilweise oder vollständige Erstattung oder Übernahme von Fahrtkosten für Verkehrsmittel des öffentlichen Personennahverkehrs, die im Zusammenhang mit dem Besuch des Geschäftslokals oder des Orts der Erbringung der Leistung aufgewendet werden darf;

4.

die Zuwendungen oder Werbegaben in der Erteilung von Auskünften oder Ratschlägen bestehen oder

5.

es sich um unentgeltlich an Verbraucherinnen und Verbraucher abzugebende Zeitschriften handelt, die nach ihrer Aufmachung und Ausgestaltung der Kundenwerbung und den Interessen der verteilenden Person dienen, durch einen entsprechenden Aufdruck auf der Titelseite diesen Zweck erkennbar machen und in ihren Herstellungskosten geringwertig sind (Kundenzeitschriften).

Werbegaben für Angehörige der Heilberufe sind unbeschadet des Satzes 1 nur dann zulässig, wenn sie zur Verwendung in der ärztlichen oder pharmazeutischen Praxis bestimmt sind. § 47 Abs. 3 des Arzneimittelgesetzes bleibt unberührt.

(2) Absatz 1 gilt nicht für Zuwendungen im Rahmen ausschließlich berufsbezogener wissenschaftlicher Veranstaltungen, sofern diese einen vertretbaren Rahmen nicht überschreiten, insbesondere in Bezug auf den wissenschaftlichen Zweck der Veranstaltung von untergeordneter Bedeutung sind und sich nicht auf andere als im Gesundheitswesen tätige Personen erstrecken.

(3) Es ist unzulässig, für die Entnahme oder sonstige Beschaffung von Blut-, Plasma- oder Gewebespenden zur Herstellung von Blut- und Gewebeprodukten und anderen Produkten zur Anwendung bei Menschen mit der Zahlung einer finanziellen Zuwendung oder Aufwandsentschädigung zu werben.

§ 9 HWG

Unzulässig ist eine Werbung für die Erkennung oder Behandlung von Krankheiten, Leiden, Körperschäden oder krankhaften Beschwerden, die nicht auf eigener Wahrnehmung an dem zu behandelnden Menschen oder Tier beruht (Fernbehandlung). Satz 1 ist nicht anzuwenden auf die Werbung für Fernbehandlungen, die unter Verwendung von Kommunikationsmedien erfolgen, wenn nach allgemein anerkannten fachlichen Standards ein persönlicher ärztlicher Kontakt mit dem zu behandelnden Menschen nicht erforderlich ist.

§ 11 HWG

(1) Außerhalb der Fachkreise darf für Arzneimittel, Verfahren, Behandlungen, Gegenstände oder andere Mittel nicht geworben werden

1.

(weggefallen)

2.

mit Angaben oder Darstellungen, die sich auf eine Empfehlung von Wissenschaftlern, von im Gesundheitswesen tätigen Personen, von im Bereich der Tiergesundheit tätigen Personen oder anderen Personen, die auf Grund ihrer Bekanntheit zum Arzneimittelverbrauch anregen können, beziehen,

3.

mit der Wiedergabe von Krankengeschichten sowie mit Hinweisen darauf, wenn diese in missbräuchlicher, abstoßender oder irreführender Weise erfolgt oder durch eine ausführliche Beschreibung oder Darstellung zu einer falschen Selbstdiagnose verleiten kann,

4.

(weggefallen)

5.

mit einer bildlichen Darstellung, die in missbräuchlicher, abstoßender oder irreführender Weise Veränderungen des menschlichen Körpers auf Grund von Krankheiten oder Schädigungen oder die Wirkung eines Arzneimittels im menschlichen Körper oder in Körperteilen verwendet,

6.

(weggefallen)

7.

mit Werbeaussagen, die nahelegen, dass die Gesundheit durch die Nichtverwendung des Arzneimittels beeinträchtigt oder durch die Verwendung verbessert werden könnte,

8.

durch Werbevorträge, mit denen ein Feilbieten oder eine Entgegennahme von Anschriften verbunden ist,

9.

mit Veröffentlichungen, deren Werbezweck missverständlich oder nicht deutlich erkennbar ist,

10.

(weggefallen)

11.

mit Äußerungen Dritter, insbesondere mit Dank-, Anerkennungs- oder Empfehlungsschreiben, oder mit Hinweisen auf solche Äußerungen, wenn diese in missbräuchlicher, abstoßender oder irreführender Weise erfolgen,

12.

mit Werbemaßnahmen, die sich ausschließlich oder überwiegend an Kinder unter 14 Jahren richten,

13.

mit Preisausschreiben, Verlosungen oder anderen Verfahren, deren Ergebnis vom Zufall abhängig ist, sofern diese Maßnahmen oder Verfahren einer unzweckmäßigen oder übermäßigen Verwendung von Arzneimitteln Vorschub leisten,

14.

durch die Abgabe von Arzneimitteln, deren Muster oder Proben oder durch Gutscheine dafür,

15.

durch die nicht verlangte Abgabe von Mustern oder Proben von anderen Mitteln oder Gegenständen oder durch Gutscheine dafür.

Für Medizinprodukte gilt Satz 1 Nr. 7 bis 9, 11 und 12 entsprechend. Ferner darf für die in § 1 Absatz 1 Nummer 2 genannten operativen plastisch-chirurgischen Eingriffe nicht wie folgt geworben werden:
1.
mit der Wirkung einer solchen Behandlung durch vergleichende Darstellung des Körperzustandes oder des Aussehens vor und nach dem Eingriff oder
2.
mit Werbemaßnahmen, die sich ausschließlich oder überwiegend an Kinder und Jugendliche richten.

(2) Außerhalb der Fachkreise darf für Arzneimittel nicht mit Angaben geworben werden, die nahe legen, dass die Wirkung des Arzneimittels einem anderen Arzneimittel oder einer anderen Behandlung entspricht oder überlegen ist.

§ 14 HWG

Wer dem Verbot der irreführenden Werbung (§ 3) zuwiderhandelt, wird mit Freiheitsstrafe bis zu einem Jahr oder mit Geldstrafe bestraft.

5. Kapitel - Zentrale Pflichten eines Praxisinhabers

Nachdem bisweilen konkrete Themen angesprochen wurden, welche von Praxisinhabern zwingend berücksichtigt werden sollen, werden nunmehr ganz wichtige Pflichten angesprochen, welche vielen Praxisinhabern eigentlich bekannt sind, jedoch in ihrer konkreten Ausgestaltung viele Fragen aufwerfen.

So dürften die nachfolgenden Darstellungen die Wichtigsten im vorliegenden Buch sein und müssen zwingend berücksichtigt werden, um dauerhaft Ärger zu vermeiden. Hier sollten Praxen unter keinen Umständen » auf Lücke setzen«.

I. Pflicht Medizinprodukte einzusetzen

Nach Möglichkeit muss im Rahmen der Therapie ausschließlich auf Medizinprodukte gesetzt werden.

Der Einsatz von Gegenständen, welche keine Zulassung als Medizinprodukt haben, kann zu erheblichen Problemen führen.

Selbstverständlich gibt es nicht alle Gegenstände, welche in einer Praxis notwendig sind, als Medizinprodukt. Bei den meisten, insbesondere bei denen, welche in der unmittelbaren Behandlung eingesetzt werden, ist dies allerdings möglich.

Sofern Gegenstände eingesetzt werden, welche keine Medizinprodukte sind, entstehen Haftungsprobleme, wenn es zu einem Unfall kommt. Die Pflicht Medizinprodukte einzusetzen gilt zum einen für Geräte, jedoch auch für Verbrauchsartikel.

Ein Medizinprodukt verfügt darüber hinaus über ein Medizinproduktehandbuch. Bei diesem handelt es sich im Wesentlichen um eine Betriebsanleitung zur sicheren Nutzung des Produktes. Darüber hinaus befinden sich in diesem Medizinproduktehandbuch üblicherweise Testzertifikate, welche Gewähr dafür bieten, dass das Produkt im Rahmen der Therapie sicher verwendet werden kann und abschließend befindet sich dort eine Schulungsliste, in welcher alle Personen einzutragen sind, welche in die Nutzung des Medizinprodukts eingewiesen wurden. Es ist Aufgabe des Praxisinhabers dafür zu sorgen, dass alle Medizinproduktehandbücher korrekt aufbewahrt werden, von der Aufsichtsbehörde kontrolliert werden können und natürlich ist dafür Sorge zu tragen, dass alle, welche die Medizinprodukte nutzen, hinreichend eingewiesen werden.

Auch wenn diese Feststellungen vielen Praxen völlig unbekannt sind und auch in vielen Fällen nicht eingehalten werden, so ist die Einhaltung von höchster Bedeutung, um insbesondere in dem Fall, dass es zu Verletzungen von Patienten oder Haftungsfällen kommt, die Eintrittspflicht der Berufshaftpflichtversicherung zu begründen bzw. überhaupt eine Chance zu haben, Haftungsansprüche abzuwehren.

Sollten nämlich Geräte im Rahmen der Therapie eingesetzt werden, welche keine Medizinprodukte sind und sollte es dann zu einer Verletzung oder Schädigung des Patienten kommen, wobei natürlich eine Verbindung mit dem entsprechenden Gerät und dem Schaden bestehen muss, ist es denkbar, dass die Berufshaftpflichtversicherung nicht zuständig ist und ein Schaden vom Praxisinhaber oder angestellten Therapeuten selbst zu tragen ist. Da Haftungsfälle nicht selten zu ganz erheblichen Zahlungen führen, sollte hier also unbedingt darauf geachtet werden, dass alle Regeln eingehalten werden.

Die Praxis sollte ferner damit rechnen jederzeit kontrolliert werden zu können, beispielsweise von der Berufsgenossenschaft, dem Regierungspräsidium, der Bezirksregierung oder dem Gesundheitsamt.

Diese Behörden oder Aufsichtsstellen können jederzeit Kontrollen vornehmen und dann erwarten, dass zum einen eine Auflistung aller in der Praxis genutzten Medizinprodukte vorliegt, wie auch die Katalogisierung der Medizinproduktehandbücher samt Schulungsnachweisen. Sollte bei einer Kontrolle eine Lücke bestehen, kann dies bis zur Schließung der Praxis bzw. einer Tätigkeitsuntersagung führen. Dies gilt es zu verhindern.

Bei Gegenständen und Geräten, welche nicht unmittelbar in der Therapie eingesetzt werden, gelten mildere Maßstäbe. So muss ein Stuhl, auf welchem sich der Patient umzieht oder im Wartebereich Platz nimmt, kein Medizinprodukt sein. Hier sollte zumindest ein stabiles Modell vorhanden sein, welches für den gewerblichen Gebrauch nutzbar und geeignet ist.

II. Pflicht Hygieneanforderungen zu erfüllen

An dieser Stelle soll keine umfassende Abhandlung über die Hygieneanforderungen in Praxen dargestellt werden. Vielmehr geht es um ein paar Umstände, auf welche hinzuweisen ist. Sollte dabei bereits auffallen, dass diese Regeln nicht eingehalten werden, ist wohl Nachholbedarf an der Tagesordnung und die Regeln sollten umgesetzt werden bzw. sollte eine intensivere Auseinandersetzung mit den Hygieneanforderungen in einer Praxis stattfinden.

Sofern bei einer Kontrolle, welche immer häufiger im Gesundheitswesen stattfindet, Mängel festgestellt werden, kann dies bis zu einer temporären Schließung der Praxis führen. Kontrollen könnten wiederum durch die Gesundheitsämter, die Berufsgenossenschaft, die Bezirksregierung oder das Regierungspräsidium stattfinden. Darüber hinaus ist die Erfüllung der Hygieneanforderungen stets eine gute Visitenkarte für jeden Betrieb im Gesundheitswesen. Derartige Umsetzungen sind allerdings auch standardmäßig zu erwarten und vielmehr kann man seinen guten Ruf aufs Spiel setzen, sofern hier Mängel vorhanden sind.

Festgestellt werden muss zunächst, dass wirklich feste Regeln üblicherweise nicht bestehen und man letztlich eine abschließende Auflistung von Hygieneanforderungen für Betriebe im Gesundheitswesen an keiner Stelle findet. So besteht an vielen Stellen Ermessensspielraum der Kontrollinstanzen, welcher jedoch meist auch verantwortungsvoll umgesetzt wird. Es kann jedoch geschehen, dass in manchen Regionen strengere Regeln vorherrschen als in anderen. Folglich kann nur auf ein paar Umstände allgemein hingewiesen werden. In dieser Stelle soll von Erfahrungswerten berichtet werden.

Die meisten Kontrollinstanzen erwarten beispielsweise, dass an der Garderobe ausreichend Kleiderbügel vorhanden sind.

Dies liegt darin begründet, dass einzelne Kleidungsstücke der Patienten sich optimalerweise nicht einmal berühren, jedoch zumindest die Möglichkeit bestehen soll, dass feuchte Kleidungsstücke trocknen können. Dies ist bei Haken an der Garderobe nicht möglich. Sofern hier ein Verstoß vorliegt, ist selbstverständlich nicht davon auszugehen, dass die Praxis geschlossen werden muss. Sollte jedoch an derartigen Stellen bereits ein erster Mangel vorhanden sein, werden Prüfer mit an Sicherheit grenzender Wahrscheinlichkeit weitere Unzulänglichkeiten finden.

Es müssen sogenannte wandständige Spender für Flüssigseife und Einmalhandtücher vorhanden sein.

Im Personalbereich bedarf es darüber hinaus noch entsprechender Spender für Händedesinfektion.

Von den meisten Kontrollinstanzen werden Baumwollhandtücher inzwischen kategorisch abgelehnt, auch wenn es sich um kleine Handtücher handelt, welche nach jedem

Gebrauch gewaschen werden. Wie bereits dargestellt wurde, handelt es sich bei der hiesigen Darstellung zu den Hygieneanforderungen allerdings um Erfahrungswerte aus vielen Verfahren mit Gesundheitsbehörden, so dass man hier einen kleinen Überblick hat, wie üblicherweise entschieden wird.

30-Grad-Wäsche darf nicht mit Textilien durchgeführt werden, welche in der Praxis genutzt oder getragen werden.

Dies gilt also zum einen beispielsweise für Laken von Behandlungsbänken, jedoch auch für die Oberbekleidung der Mitarbeiter. Sollte beispielsweise ein Therapeut ein Polohemd tragen, welches weder bei Kochwäsche gewaschen wurde noch bei 40 Grad mit einem desinfizierenden Waschmittel, muss mit Sanktionen gerechnet werden. Dabei erwarten die meisten Behörden zudem, dass gesonderte Kleidung in der Praxis vorhanden ist, so dass Straßenkleidung in den Praxisräumlichkeiten gerade nicht getragen wird.

Das Tragen von Schmuckstücken ist zu unterlassen.

Dies gilt für Uhren, Ringe, Ketten o. ä. an Händen und Armen. Dadurch können Hygieneanforderungen nämlich deutlicher schwieriger eingehalten werden.

Reinigungsmittel müssen für Besucher absolut unzugänglich aufbewahrt werden.

Beispielsweise die Lagerung von Abflussreiniger mit Zugriffsmöglichkeit für Patienten stellt eine erhebliche Gefahr dar und ist zu unterlassen. Demnach sollte sich im Sanitärbereich ein abgeschlossener Schrank befinden, in welchem entsprechende Substanzen aufbewahrt werden. Möglich ist auch die Aufbewahrung im Personalbereich, weil allgemein davon ausgegangen wird, dass sich Arbeitnehmer einer Praxis mit Reinigungsmitteln und ähnlichen Stoffen auskennen und somit eine fehlerhafte Anwendung nicht zu erwarten ist.

Therapeuten müssen mitunter über ausreichend Impfschutz verfügen, wobei dies grundsätzlich für alle Personen gilt, welche in einer Praxis tätig sind und Kontakt mit Patienten haben.

Allem voran ist der Masernimpfschutz zu nennen, welcher seit dem 01.03.2022 für alle Personen gilt, welche nach 1970 geboren sind. Allerdings gab es hier immer wieder Verlängerungen der Impfverpflichtung mit der Verlängerung von Übergangsfristen. Dabei galten diese Übergangsfristen nur für Personen, welche bereits in einem Betrieb beschäftigt sind. Für neue Beschäftigte geltend die Regelungen bereits. Hinzu kommt derzeit die Impfpflicht gegen das Corona-Virus als sogenannte einrichtungsbezogene Impfpflicht. Die Regelungen haben ab Mitte März 2022 Geltung erlangt und verbieten es Betrieben, Personen neu zu beschäftigen, welche nicht hinreichend immunisiert sind. Bei bereits bestehenden Arbeitsverhältnissen oder bestehenden Selbstständigkeiten kam es zu eine Einführung einer Meldepflicht gegenüber den Gesundheitsbehörden, welche dann direkt die Arbeit aufgenommen haben, um zu prüfen, ob Tätigkeitsverbote der Betretungsverbote für die Praxis erlassen werden. Zum Zeitpunkt der Verfassung des vorliegenden Buchs liegt derweilen nur eine Entscheidung des Bundesverfassungsgerichts im Rahmen des einstweiligen Rechtsschutzes vor, in welcher das Bundesverfassungsgericht mitgeteilt hat, dass keine durchgreifenden verfassungsrechtlichen Bedenken gegen die einrichtungsbezogene Impfpflicht betreffend des Corona-Virus erkannt werden können. Vergleichbar hatte das Bundesverfassungsgericht bereits betreffend der Masernschutzimpfung entschieden.

Eine Sprühdesinfektion darf nicht mehr durchgeführt werden, weil diese zu Atemwegserkrankungen der Personen führen könnte, welche regelmäßig derartige Desinfektionen vornehmen.

Demnach ist eine Scheuer-Wisch-Desinfektion vorzunehmen oder mit sprühenden Flaschen beispielsweise in einen Lappen zu sprühen. Jedenfalls darf die Gefahr der Einatmung gerade nicht bestehen.

Alle Praxen sollten sich bewusst sein, dass bereits seit vielen Jahren die Pflicht besteht, einen Hygieneplan vorzuhalten, welcher auf die Praxis individualisiert ist. Im Rahmen der Corona-Pandemie kam die Pflicht hinzu, über ein Hygienekonzept zu verfügen.

Jede Praxis ist verpflichtet, ein solches Hygienekonzept vorzuhalten und umzusetzen. Dabei ist der notwendige Umfang unbedingt zu beachten sowie eine hinreichende Aktualität. Seit dem Juni 2021 wird beispielsweise eine Gefährdungsbeurteilung zwingend erwartet, so dass ein Hygienekonzept ohne Gefährdungsbeurteilung nicht den aktuellen Anforderungen entspricht. Die Arbeitsanweisungen, welche sich aus dem Hygienekonzept ergeben, sind von allen Mitarbeitern der Praxis umzusetzen. Nur auf diese Art kann Schutz vor einer Überprüfung des Gesundheitsamts, der Bezirksregierung, des Regierungspräsidiums oder der Berufsgenossenschaft bestehen. Dabei stellt sich häufig die Frage, wo überhaupt der Unterschied zwischen einem Hygienekonzept und einem Hygieneplan liegt.

Der Hygieneplan ist Teil des Hygienekonzepts und das Hygienekonzept geht wesentlich weiter. Ein Hygieneplan legt beispielsweise fest, wann welche Stellen in der Praxis zu reinigen oder zu desinfizieren sind und wie mit Abfällen umzugehen ist. Das Hygienekonzept beschreibt beispielsweise, dass Schilder schon außerhalb der Praxis angebracht werden müssen oder dass nur Personen die Praxis betreten dürfen, welche einen Mundschutz tragen. Auch kann in einem Hygienekonzept geregelt werden, dass in einem Wartezimmer nur eine gewisse Anzahl von Personen warten darf oder nur eine gewisse Anzahl von Personen überhaupt die Praxisräume betreten darf. Das Hygienekonzept geht also deutlich weiter. Dabei muss unbedingt darauf geachtet werden, dass eben ein schriftliches Hygienekonzept vorliegt, welches im Regelfall den Umfang eines schmalen Aktenordners hat. Die reine Umsetzung von Hygienemaßnahmen ist also nicht ausreichend. An dem Konzept kommt niemand vorbei und setzt sich der Gefahr aus, Strafen zu erhalten bzw. die Praxis geschlossen zu bekommen, falls gerade nicht gewährleistet wird, dass das Hygienekonzept vorgehalten und eingehalten wird.

Inzwischen sind sogar Beratungsleistungen betreffend der Einhaltung von Hygieneanforderungen und der Unterstützung bei der Erstellung von entsprechenden Maßnahmen staatlich förderungsfähig.

Unternehmen, welche derartige Beratungen durchführen, können entsprechende Förderungsanträge stellen, so dass der Praxisinhaber einen Teil des zu zahlenden Honorars zurückerhält. Sollte man sich zu diesem Thema beraten lassen, ist zwingend darauf zu achten, dass tatsächlich ein Mitarbeiter des Beratungsunternehmens die Praxisräumlichkeiten aufsucht, um sich ein Bild vor Ort zu machen und dass die Möglichkeit besteht, dass die Leistungen staatlich gefördert werden. Wenn letzteres nämlich der Fall ist, muss das Unternehmen, welches die Leistungen anbietet, bereits eine Vielzahl von Voraussetzungen erfüllen und folglich besteht eine gewisse Qualitätsgarantie. Dies soll nicht heißen, dass Beratungsfirmen, welche eine staatliche Förderung nicht anbieten, unseriös sind. Wenn allerdings eine solche Förderungsmöglichkeit besteht, kann sich der Praxisinhaber eher sicher sein, dass es sich um eine seriöse und kompetente Firma handelt. In diesem Bereich hat sich insbesondere die Deutsche Gesellschaft für Hygieneberatung einen Namen gemacht, welche im gesamten Bundesgebiet dafür bekannt sein dürfte, hochqualitative Beratungsleistungen zum Thema der Hygiene in therapeutischen Einrichtungen zu leisten.

Sollte also bei der Lektüre dieses kurzen Einblicks zum Thema der Hygieneanforderung bereits aufgefallen sein, dass Lücken bestehen, sollten diese unbedingt geschlossen werden.

III. Aufbewahrungspflicht

Eine Vielzahl von Unterlagen einer therapeutischen Praxis sind über Jahre hinweg aufzubewahren.

Dies gilt zunächst für Unterlagen, welche steuerliche Belange haben. Diese sind 10 Jahre aufzubewahren. Hierbei handelt es sich um Inventare, Jahresabschlüsse, Buchungsbelege und Terminbücher. Nicht wenige Praxen vernichten zum Ende eines Kalenderjahres das Terminbuch, was allerdings ein großer Fehler ist und enorme Konsequenzen haben kann. So sollten Terminbücher, egal ob diese analog oder digital geführt werden, unbedingt 10 Jahre aufbewahrt werden, um nachträgliche Kontrollen zu ermöglichen und für Rechtssicherheit zu sorgen. Sollten bei einer Kontrolle durch das Finanzamt Terminbücher nicht mehr vorahnden sein, kann dies sogar zu einer Hinzuschätzung der Einnahmen führen, welche allerdings eigentlich gar nicht vorgelegen haben. Es würden sich somit erhebliche zusätzliche Steuerlasten ergeben, welche man verhindern sollte.

Patientendaten und Patientenunterlagen müssen 10 Jahre nach Abschluss der Behandlung aufbewahrt werden.

Nachdem 10 Jahre abgelaufen sind, darf eine Vernichtung erfolgen, sofern der Patient sich weiterhin in Behandlung befindet. Sollte ein Patient tatsächlich 10 Jahre nicht mehr in Behandlung gewesen sein, sind seine Unterlagen in einer therapeutischen Praxis zwingend zu vernichten.

Nur im Falle von sehr speziellen Unterlagen, wie beispielsweise Röntgenaufnahmen, existieren längere Fristen, welche bei Röntgenaufnahmen bei 30 Jahren liegen. Die Aufbewahrungspflicht betrifft allerdings nur die Einrichtung, welche die Röntgenaufnahmen gefertigt hat.

Sämtliche Fristen sind trennscharf nach Jahren zu berücksichtigen und nicht nach konkretem Behandlungsdatum.

Die Frist für eine Behandlung, welche beispielsweise im Jahre 2022 stattgefunden hat, beginnt also erst nach Abschluss des Jahres 2022. Dies hilft bei der Einhaltung der entsprechenden Regelungen.

Bei einer EDV-gestützten Administration muss selbstverständlich auch darauf geachtet werden, dass alte Unterlagen zwingend vernichtet werden. Leider bieten nicht alle Praxisorganisationsprogramme die Möglichkeit, alte Patientenunterlagen zu vernichten. Sollte dies tatsächlich nicht möglich sein, ist ein entsprechendes Programm für eine Praxis nicht geeignet, weil bei der längeren Aufbewahrung ein Verstoß gegen die Datenschutzgrundverordnung und das Bundesdatenschutzgesetz vorliegen kann. Dies kann wiederum zu Schadensersatzforderungen des Patienten führen, welchen man sich nicht aussetzen sollte.

Sollten übrigens Patienten verlangen, dass Unterlagen herausgegeben werden, hat die Praxis im Regelfall einen Monat Zeit dieses Herausgabeverlangen zu befriedigen. Somit kann man in Ruhe die notwendigen Unterlagen zusammenstellen, bevor diese herausgegeben werden. Hierbei kann dann auch noch überprüft werden, ob die Person, welche das Herausgabeverlangen geltend macht, tatsächlich berechtigt ist, diese Ansprüche geltend zu machen.

IV. Schweigepflicht

So ziemlich alle Angehörigen der Therapieberufe bzw. alle Personen, welche in therapeutischen Einrichtungen tätig sind, wissen, dass es eine Schweigepflicht gibt, welche einzuhalten ist.

Im Detail steckt jedoch hier der Teufel und dadurch kommt es gar nicht selten zu Problemen und Verstößen gegen diese Verpflichtung. Verstöße dagegen können sowohl für die Praxis wie auch die Person, welche gegen die

Pflicht verstößt, gravierende Folgen haben. Diese Verstöße können strafrechtlich geahndet werden oder zu hohen Geldforderungen führen.

Informationen über Patienten dürfen also an unbefugte Dritte auf keinen Fall weitergegeben werden.

Das größte Problem dürfte die Weitergabe an Angehörige sein.

Auch gegenüber Angehörigen besteht im Regelfall eine Schweigepflicht, insbesondere gegenüber Ehepartnern. Hingegen besteht üblicherweise keine Schweigepflicht gegenüber einer ärztlichen Praxis, welche eine Verordnung ausgestellt hat, welche nunmehr in einer Heilmittelpraxis abgearbeitet wird. So soll eine Koordination zwischen Heilmittelpraxis und Arztpraxis grundsätzlich möglich sein. Sich von den Patienten hierfür eine Schweigepflichtentbindungserklärung ausfüllen zu lassen, entbehrt üblicherweise jeglicher rechtlicher Notwendigkeit.

Es bietet sich allerdings immer an, mit jedem Patienten einen Behandlungsvertrag abzuschließen, in welchem Patienten grundsätzlich danach befragt werden, wem gegenüber der Praxis von der Schweigepflicht entbunden werden kann.

Sofern als standardisiert diese Frage gegenüber jedem Patienten geäußert und in einem Behandlungsvertrag schriftlich festgehalten wird, gegenüber wem eine Schweigepflichtentbindung erklärt wird, besteht wesentlich mehr Sicherheit. Die meisten Patienten haben also zunächst gar keine Bedenken, dass die Praxis von der Schweigepflicht entbunden wird gegenüber Ehepartnern oder Familienangehörigen, welche teilweise sogar in die Organisation der Therapie eingebunden werden. Wenn allerdings eine solche Schweigepflichtentbindungserklärung eben nicht unterzeichnet wurde, können große Probleme entstehen.

So sollte bekannt sein, dass auch bei Familienangehörigen die Möglichkeit besteht, sich hinreichend abzusichern und die Schweigepflicht kein Problem darstellt, wenn eine hinreichende Patientenverfügung oder Generalvollmacht vorliegt. Gleichsam besteht eine Schweigepflicht üblicherweise nicht gegenüber einem bestellten Betreuer, welcher sich mit einer entsprechenden Urkunde ausweisen kann. Bei Erziehungsberechtigten entstehen darüber hinaus auch selten Probleme, sofern diesen Informationen von minderjährigen Patienten gegeben werden, also die Patienten noch nicht 18 Jahre alt sind. Zwar gibt es hier mehrere Sonderfälle, diese sollen jedoch nicht alle umfassend dargestellt werden, um den Rahmen dieses Buchs nicht zu sprengen.

Jedenfalls bedarf es einer gewissen Sensibilität mit dem Umgang von Patientendaten und es muss eben auch gewährleistet werden, dass diese Schweigepflicht stets eingehalten wird, es sei denn, es liegt eben eine Schweigepflichtentbindungserklärung vor oder im konkreten Fall existiert gar keine Schweigepflicht.

V. Aufklärungspflicht

Viele Praxen halten es für unnötig und überaus lästig, den Patienten über die therapeutischen Leistungen aufzuklären.

Dabei handelt es sich um ein elementares Recht der Patienten, über alle Maßnahmen aufgeklärt zu werden und eine elementare Pflicht für alle Therapeuten. Zumindest über Diagnosen, Risiken, Nebenwirkungen und Kosten der Therapie muss aufgeklärt werden. Die gesetzlichen Regelungen legen hohe Maßstäbe an.

Es darf nicht vergessen werden, dass eine Vielzahl von therapeutischen Leistungen zunächst einmal zu einer Erstverschlechterung führt oder zumindest Patienten körperlich belastet werden können mit beispielsweise Muskelkater, Hämatomen oder vielleicht tatsächlich vollkommen unerwünschten Nebenfolgen wie Verletzungen. Juristisch gesehen liegt dann gar nicht so selten eine Körperverletzung vor, welche gleichsam eine Straftat darstellt. So könnte sich schon aus einer einfachen Krankenbehandlung ohne weiteres ein Strafverfahren ergeben mit allen rechtlichen Konsequenzen bis hin zu Freiheitsstrafen und dem Entzug der Berufserlaubnis.

Gerade um dies zu verhindern, ist ein Dreiklang zwingend einzuhalten. So bedarf es zunächst der Aufklärung des Patienten. Nach der Aufklärung bedarf es der Einwilligung des Patienten in die geplanten Maßnahmen und erst dann dürfen die Maßnahmen durchgeführt werden. Der Dreiklang lautet also: Aufklärung - Einwilligung - Behandlung.

Dabei gehört die Aufklärung zur therapeutischen Leistung. Unsicherheit besteht häufig bezüglich des Umfangs der Aufklärungspflicht. Selbstverständlich könnte man für die einfachsten und ungefährlichsten Behandlungen seitenlange Aufklärungsbögen vorlegen. Man muss jedoch sicherstellen, dass der Patient auch die Möglichkeit hat, diese Informationen zur Kenntnis zu nehmen. Demnach bietet es sich wiederum an, einen Behandlungsvertrag abzuschließen, mit welchem zunächst allgemein aufgeklärt wird bzw. vom Patienten die Unterschrift eingeholt wird, dass er über Diagnosen, Risiken, Nebenwirkungen und Kosten der Therapie aufgeklärt wurde. Allerdings sollte sich im Behandlungsvertrag dann zusätzlich zumindest noch ein Feld befinden, in dem der Therapeut vor der Behandlung über spezielle Risiken informiert und somit die Aufklärung noch einmal individualisiert. Ein entsprechendes Feld kann dann mittels EDV oder handschriftlich ausgefüllt werden. Auf diese Art und Weise kann bei nicht so komplexen Behandlungen ein gewisser Standard an Aufklärung gewährleistet werden. Sollte es sich nicht um den Bereich der Heilmittelerbringer, sondern um Operationen im ärztlichen Bereich handeln, wird der Maßstab der Aufklärung selbstverständlich umfangreicher zu beurteilen sein. Letztlich bietet wiederum ein guter Behandlungsvertrag, welcher das Thema der Aufklärung aufnimmt, hinreichende Sicherheit.

VI. Dokumentationspflicht

Die wahrscheinlich am häufigsten vernachlässigte Pflicht in therapeutischen Praxen ist die Dokumentationspflicht.

Diese wird leider von vielen Betrieben nicht ansatzweise umgesetzt oder eben nicht ausreichend. Dabei ist eine nicht ausreichende Umsetzung der Dokumentationspflicht schon derart zu qualifizieren, dass letztlich eine hinreichende Dokumentation nicht vorliegt und somit die Praxis häufig schutzlos dasteht.

Der Therapeut muss also zumindest über die in der Ausübung seines Berufs gemachten Feststellungen und getroffenen Maßnahmen bei seinen Patienten die erforderlichen Aufzeichnungen anfertigen. Er muss insbesondere einzelne Therapieschritte festhalten sowie deren Ergebnis.

Das Patientenrechtegesetz legt seit dem Jahre 2013 mitunter fest, dass eine nicht hinreichende oder nicht bestehende Dokumentation den Vergütungsanspruch entfallen lässt. Es gilt also die Vermutung, dass Maßnahmen, welche nicht dokumentiert sind, auch nicht durchgeführt worden sind, was dann eben dazu führt, dass nicht durchgeführte Maßnahmen natürlich auch nicht zu vergüten sind. Selbstverständlich handelt es sich hierbei allerdings nur um eine Vermutung, welche an anderer Stelle widerlegt werden kann. Eine solche Vermutung sollte man jedoch erst gar nicht aufkommen lassen, weil der Dokumentation ein hoher Beweiswert zukommt. Diese muss eben auch 10 Jahre nach Abschluss der Behandlung aufbewahrt werden.

Um nunmehr einen kurzen Überblick über die notwendigen Bestandteile der Dokumentation zu verschaffen, darf auf die Regel »DTTB« verwiesen werden.

Dabei steht das »D« für das Datum der Therapieabgabe. Es muss sich aus der Dokumentation ergeben, an welchen Tagen die Behandlungen stattgefunden haben. Es ist nicht zwingend erforderlich die Uhrzeit aufzunehmen, wobei dies auch schon in manchen Fällen Vorteile gebracht hat. Dabei muss eigentlich nicht erwähnt werden, dass die Daten, welche sich in der Dokumentation befinden, identisch sein müssen zu den tatsächlichen Behandlungsdaten und den Daten, welche der Patient auf einer Verordnung bestätigt hat.

Das erste »T« steht für Therapie. Die Maßnahme sollte beschrieben werden. Dabei macht es wenig Sinn, allgemeine Ausführungen oder kurze Abkürzungen zu nehmen. Schließlich gibt es eine derart hohe Anzahl an therapeutischen Maßnahmen, sodass so zu dokumentieren ist, dass sich der ableistende Therapeut bei der darauf folgenden Behandlung darauf verlassen können muss, dass ein anderer Therapeut mit einem Blick in die Dokumentation sofort weiß, was vorgenommen wurde. Ein Hinweis beispielsweise auf »KG« oder »MLD« hilft hier keineswegs.

Das zweite »T« steht für Therapeut. Hier muss also festgehalten werden, welcher Therapeut die Maßnahme abgegeben hat. Darauf kann nur verzichtet werden, falls in der Praxis nur ein Therapeut tätig ist. Sofern zwei Therapeuten existieren, muss zwingend festgehalten werden, welcher Therapeut die Leistung abgegeben hat. Dabei muss es sich dabei selbstverständlich um einen Therapeuten handeln, welcher auch juristisch berechtigt ist, derartige Leistungen abzugeben.

Der letzte Buchstabe »B« steht für besondere Vorkommnisse und insbesondere die Reaktion des Patienten. So ist festzuhalten, dass es sich bei der Dokumentation eigentlich um eine Verlaufsdokumentation handelt und sich aus der fortwährenden Dokumentation aller Behandlungen ein Verlauf ergeben muss und festzustellen sein muss, welche Reaktionen der Patient gezeigt hat und ob eben Besonderheiten vorgelegen haben. Es kann sein, dass der Patient beispielsweise nach der Behandlung an mehr oder weniger Schmerzen gelitten hat, er sich besser oder schlechter bewegen kann, dass es andere Komplikationen oder Nebenwirkungen gab oder dass der Patient Umstände aus seinem häuslichen Umfeld berichtet hat, welche für die weitere Therapie von Bedeutung sind.

Die dargestellten Dokumentationen sind bei allen Patienten vorzunehmen. Es spielt dabei keine Rolle, ob es sich um Selbstzahler, Privatpatienten oder Kassenpatienten handelt.

Nur mit einer hinreichenden Dokumentation kann jedenfalls ausreichende Sicherheit geschaffen werden und eine Praxis muss nicht damit rechnen, in Probleme zu geraten.

So ist eine Dokumentation ein wichtiger Baustein, um sich gegen etwaige spätere Geltendmachungen von Forderungen nach einem Behandlungsfehler zu verteidigen. Ohne eine hinreichende Dokumentation ist dies kaum möglich. Mitunter gab es schon eine hohe Anzahl an Praxen, welche entweder gegenüber Privatpatienten keinerlei Vergütung erfolgreich geltend machen konnten oder an gesetzliche Krankenversicherungen Vergütungen zurückzahlen mussten, weil keine hinreichende Dokumentation vorliegt.

Abschließend darf darauf hingewiesen werden, dass es sich bei der Dokumentation selbstverständlich um Therapiezeit handelt und dieser Teil der Therapie auch vor den Augen des Patienten vorgenommen werden kann. Das Gesetz spricht sogar von der Pflicht, in unmittelbarem Zusammenhang mit der Behandlung zu dokumentieren. Eine Behandlung am Abschluss eines Tages dürfte diese Voraussetzungen schon kaum erfüllen. Eine Dokumentation am darauf folgenden Tag oder noch später wäre definitiv unzulässig und ungültig.

VII. Besonders wichtige Stellen im Gesetz

§ 630a BGB - Vertragstypische Pflichten beim Behandlungsvertrag

(1) Durch den Behandlungsvertrag wird derjenige, welcher die medizinische Behandlung eines Patienten zusagt (Behandelnder), zur Leistung der versprochenen Behandlung, der andere Teil (Patient) zur Gewährung der vereinbarten Vergütung verpflichtet, soweit nicht ein Dritter zur Zahlung verpflichtet ist.

(2) Die Behandlung hat nach den zum Zeitpunkt der Behandlung bestehenden, allgemein anerkannten fachlichen Standards zu erfolgen, soweit nicht etwas anderes vereinbart ist.

§ 630c BGB - Mitwirkung der Vertragsparteien; Informationspflichten

(1) Behandelnder und Patient sollen zur Durchführung der Behandlung zusammenwirken.

(2) Der Behandelnde ist verpflichtet, dem Patienten in verständlicher Weise zu Beginn der Behandlung und, soweit erforderlich, in deren Verlauf sämtliche für die Behandlung wesentlichen Umstände zu erläutern, insbesondere die Diagnose, die voraussichtliche gesundheitliche Entwicklung, die Therapie und die zu und nach der Therapie zu ergreifenden Maßnahmen. Sind für den Behandelnden Umstände erkennbar, die die Annahme eines Behandlungsfehlers begründen, hat er den Patienten über diese auf Nachfrage oder zur Abwendung gesundheitlicher Gefahren zu informieren. Ist dem Behandelnden oder einem seiner in § 52 Absatz 1 der Strafprozessordnung bezeichneten Angehörigen ein Behandlungsfehler unterlaufen, darf die Information nach Satz 2 zu Beweiszwecken in einem gegen den Behandelnden oder gegen

seinen Angehörigen geführten Straf- oder Bußgeldverfahren nur mit Zustimmung des Behandelnden verwendet werden.

(3) Weiß der Behandelnde, dass eine vollständige Übernahme der Behandlungskosten durch einen Dritten nicht gesichert ist oder ergeben sich nach den Umständen hierfür hinreichende Anhaltspunkte, muss er den Patienten vor Beginn der Behandlung über die voraussichtlichen Kosten der Behandlung in Textform informieren. Weitergehende Formanforderungen aus anderen Vorschriften bleiben unberührt.

(4) Der Information des Patienten bedarf es nicht, soweit diese ausnahmsweise aufgrund besonderer Umstände entbehrlich ist, insbesondere wenn die Behandlung unaufschiebbar ist oder der Patient auf die Information ausdrücklich verzichtet hat.

§ 630d BGB - Einwilligung

(1) Vor Durchführung einer medizinischen Maßnahme, insbesondere eines Eingriffs in den Körper oder die Gesundheit, ist der Behandelnde verpflichtet, die Einwilligung des Patienten einzuholen. Ist der Patient einwilligungsunfähig, ist die Einwilligung eines hierzu Berechtigten einzuholen, soweit nicht eine Patientenverfügung nach § 1901a Absatz 1 Satz 1 die Maßnahme gestattet oder untersagt. Weitergehende Anforderungen an die Einwilligung aus anderen Vorschriften bleiben unberührt. Kann eine Einwilligung für eine unaufschiebbare Maßnahme nicht rechtzeitig eingeholt werden, darf sie ohne Einwilligung durchgeführt werden, wenn sie dem mutmaßlichen Willen des Patienten entspricht.

(2) Die Wirksamkeit der Einwilligung setzt voraus, dass der Patient oder im Fall des Absatzes 1 Satz 2 der zur Einwilligung Berechtigte vor der Einwilligung nach Maßgabe von § 630e Absatz 1 bis 4 aufgeklärt worden ist.

(3) Die Einwilligung kann jederzeit und ohne Angabe von Gründen formlos widerrufen werden.

§ 630e BGB - Aufklärungspflichten

(1) Der Behandelnde ist verpflichtet, den Patienten über sämtliche für die Einwilligung wesentlichen Umstände aufzuklären. Dazu gehören insbesondere Art, Umfang, Durchführung, zu erwartende Folgen und Risiken der Maßnahme sowie ihre Notwendigkeit, Dringlichkeit, Eignung und Erfolgsaussichten im Hinblick auf die Diagnose oder die Therapie. Bei der Aufklärung ist auch auf Alternativen zur Maßnahme hinzuweisen, wenn mehrere medizinisch gleichermaßen indizierte und übliche Methoden zu wesentlich unterschiedlichen Belastungen, Risiken oder Heilungschancen führen können.

(2) Die Aufklärung muss

1.

mündlich durch den Behandelnden oder durch eine Person erfolgen, die über die zur Durchführung der Maßnahme notwendige Ausbildung verfügt; ergänzend kann auch auf Unterlagen Bezug genommen werden, die der Patient in Textform erhält,

2.

so rechtzeitig erfolgen, dass der Patient seine Entscheidung über die Einwilligung wohlüberlegt treffen kann,

3.

für den Patienten verständlich sein.

Dem Patienten sind Abschriften von Unterlagen, die er im Zusammenhang mit der Aufklärung oder Einwilligung unterzeichnet hat, auszuhändigen.

(3) Der Aufklärung des Patienten bedarf es nicht, soweit diese ausnahmsweise aufgrund besonderer Umstände entbehrlich ist, insbesondere wenn die Maßnahme unauf-

schiebbar ist oder der Patient auf die Aufklärung ausdrücklich verzichtet hat.

(4) Ist nach § 630d Absatz 1 Satz 2 die Einwilligung eines hierzu Berechtigten einzuholen, ist dieser nach Maßgabe der Absätze 1 bis 3 aufzuklären.

(5) Im Fall des § 630d Absatz 1 Satz 2 sind die wesentlichen Umstände nach Absatz 1 auch dem Patienten entsprechend seinem Verständnis zu erläutern, soweit dieser aufgrund seines Entwicklungsstandes und seiner Verständnismöglichkeiten in der Lage ist, die Erläuterung aufzunehmen, und soweit dies seinem Wohl nicht zuwiderläuft. Absatz 3 gilt entsprechend.

§ 630f BGB - Dokumentation der Behandlung

(1) Der Behandelnde ist verpflichtet, zum Zweck der Dokumentation in unmittelbarem zeitlichen Zusammenhang mit der Behandlung eine Patientenakte in Papierform oder elektronisch zu führen. Berichtigungen und Änderungen von Eintragungen in der Patientenakte sind nur zulässig, wenn neben dem ursprünglichen Inhalt erkennbar bleibt, wann sie vorgenommen worden sind. Dies ist auch für elektronisch geführte Patientenakten sicherzustellen.

(2) Der Behandelnde ist verpflichtet, in der Patientenakte sämtliche aus fachlicher Sicht für die derzeitige und künftige Behandlung wesentlichen Maßnahmen und deren Ergebnisse aufzuzeichnen, insbesondere die Anamnese, Diagnosen, Untersuchungen, Untersuchungsergebnisse, Befunde, Therapien und ihre Wirkungen, Eingriffe und ihre Wirkungen, Einwilligungen und Aufklärungen. Arztbriefe sind in die Patientenakte aufzunehmen.

(3) Der Behandelnde hat die Patientenakte für die Dauer von zehn Jahren nach Abschluss der Behandlung aufzubewah-

ren, soweit nicht nach anderen Vorschriften andere Aufbewahrungsfristen bestehen.

§ 630g BGB - Einsichtnahme in die Patientenakte

(1) Dem Patienten ist auf Verlangen unverzüglich Einsicht in die vollständige, ihn betreffende Patientenakte zu gewähren, soweit der Einsichtnahme nicht erhebliche therapeutische Gründe oder sonstige erhebliche Rechte Dritter entgegenstehen. Die Ablehnung der Einsichtnahme ist zu begründen. § 811 ist entsprechend anzuwenden.

(2) Der Patient kann auch elektronische Abschriften von der Patientenakte verlangen. Er hat dem Behandelnden die entstandenen Kosten zu erstatten.

(3) Im Fall des Todes des Patienten stehen die Rechte aus den Absätzen 1 und 2 zur Wahrnehmung der vermögensrechtlichen Interessen seinen Erben zu. Gleiches gilt für die nächsten Angehörigen des Patienten, soweit sie immaterielle Interessen geltend machen. Die Rechte sind ausgeschlossen, soweit der Einsichtnahme der ausdrückliche oder mutmaßliche Wille des Patienten entgegensteht.

§ 630h BGB - Beweislast bei Haftung für Behandlungs- und Aufklärungsfehler

(1) Ein Fehler des Behandelnden wird vermutet, wenn sich ein allgemeines Behandlungsrisiko verwirklicht hat, das für den Behandelnden voll beherrschbar war und das zur Verletzung des Lebens, des Körpers oder der Gesundheit des Patienten geführt hat.

(2) Der Behandelnde hat zu beweisen, dass er eine Einwilligung gemäß § 630d eingeholt und entsprechend den Anfor-

derungen des § 630e aufgeklärt hat. Genügt die Aufklärung nicht den Anforderungen des § 630e, kann der Behandelnde sich darauf berufen, dass der Patient auch im Fall einer ordnungsgemäßen Aufklärung in die Maßnahme eingewilligt hätte.

(3) Hat der Behandelnde eine medizinisch gebotene wesentliche Maßnahme und ihr Ergebnis entgegen § 630f Absatz 1 oder Absatz 2 nicht in der Patientenakte aufgezeichnet oder hat er die Patientenakte entgegen § 630f Absatz 3 nicht aufbewahrt, wird vermutet, dass er diese Maßnahme nicht getroffen hat.

(4) War ein Behandelnder für die von ihm vorgenommene Behandlung nicht befähigt, wird vermutet, dass die mangelnde Befähigung für den Eintritt der Verletzung des Lebens, des Körpers oder der Gesundheit ursächlich war.

(5) Liegt ein grober Behandlungsfehler vor und ist dieser grundsätzlich geeignet, eine Verletzung des Lebens, des Körpers oder der Gesundheit der tatsächlich eingetretenen Art herbeizuführen, wird vermutet, dass der Behandlungsfehler für diese Verletzung ursächlich war. Dies gilt auch dann, wenn es der Behandelnde unterlassen hat, einen medizinisch gebotenen Befund rechtzeitig zu erheben oder zu sichern, soweit der Befund mit hinreichender Wahrscheinlichkeit ein Ergebnis erbracht hätte, das Anlass zu weiteren Maßnahmen gegeben hätte, und wenn das Unterlassen solcher Maßnahmen grob fehlerhaft gewesen wäre.

§ 203 StGB - Verletzung von Privatgeheimnissen

(1) Wer unbefugt ein fremdes Geheimnis, namentlich ein zum persönlichen Lebensbereich gehörendes Geheimnis oder ein Betriebs- oder Geschäftsgeheimnis, offenbart, das ihm als

1.
Arzt, Zahnarzt, Tierarzt, Apotheker oder Angehörigen eines anderen Heilberufs, der für die Berufsausübung oder die Führung der Berufsbezeichnung eine staatlich geregelte Ausbildung erfordert,
2.
Berufspsychologen mit staatlich anerkannter wissenschaftlicher Abschlussprüfung,
3.
Rechtsanwalt, Kammerrechtsbeistand, Patentanwalt, Notar, Verteidiger in einem gesetzlich geordneten Verfahren, Wirtschaftsprüfer, vereidigtem Buchprüfer, Steuerberater, Steuerbevollmächtigten oder Organ oder Mitglied eines Organs einer Rechtsanwalts-, Patentanwalts-, Wirtschaftsprüfungs-, Buchprüfungs- oder Steuerberatungsgesellschaft,
4.
Ehe-, Familien-, Erziehungs- oder Jugendberater sowie Berater für Suchtfragen in einer Beratungsstelle, die von einer Behörde oder Körperschaft, Anstalt oder Stiftung des öffentlichen Rechts anerkannt ist,
5.
Mitglied oder Beauftragten einer anerkannten Beratungsstelle nach den §§ 3 und 8 des Schwangerschaftskonfliktgesetzes,
6.
staatlich anerkanntem Sozialarbeiter oder staatlich anerkanntem Sozialpädagogen oder
7.
Angehörigen eines Unternehmens der privaten Kranken-, Unfall- oder Lebensversicherung oder einer privatärztlichen, steuerberaterlichen oder anwaltlichen Verrechnungsstelle anvertraut worden oder sonst bekanntgeworden ist, wird mit Freiheitsstrafe bis zu einem Jahr oder mit Geldstrafe bestraft.

(2) Ebenso wird bestraft, wer unbefugt ein fremdes Geheimnis, namentlich ein zum persönlichen Lebensbereich gehö-

rendes Geheimnis oder ein Betriebs- oder Geschäftsgeheimnis, offenbart, das ihm als

1.
Amtsträger oder Europäischer Amtsträger,

2.
für den öffentlichen Dienst besonders Verpflichteten,

3.
Person, die Aufgaben oder Befugnisse nach dem Personalvertretungsrecht wahrnimmt,

4.
Mitglied eines für ein Gesetzgebungsorgan des Bundes oder eines Landes tätigen Untersuchungsausschusses, sonstigen Ausschusses oder Rates, das nicht selbst Mitglied des Gesetzgebungsorgans ist, oder als Hilfskraft eines solchen Ausschusses oder Rates,

5.
öffentlich bestelltem Sachverständigen, der auf die gewissenhafte Erfüllung seiner Obliegenheiten auf Grund eines Gesetzes förmlich verpflichtet worden ist, oder

6.
Person, die auf die gewissenhafte Erfüllung ihrer Geheimhaltungspflicht bei der Durchführung wissenschaftlicher Forschungsvorhaben auf Grund eines Gesetzes förmlich verpflichtet worden ist,

anvertraut worden oder sonst bekanntgeworden ist. Einem Geheimnis im Sinne des Satzes 1 stehen Einzelangaben über persönliche oder sachliche Verhältnisse eines anderen gleich, die für Aufgaben der öffentlichen Verwaltung erfasst worden sind; Satz 1 ist jedoch nicht anzuwenden, soweit solche Einzelangaben anderen Behörden oder sonstigen Stellen für Aufgaben der öffentlichen Verwaltung bekanntgegeben werden und das Gesetz dies nicht untersagt.

(2a) (weggefallen)

(3) Kein Offenbaren im Sinne dieser Vorschrift liegt vor, wenn die in den Absätzen 1 und 2 genannten Personen Geheim-

nisse den bei ihnen berufsmäßig tätigen Gehilfen oder den bei ihnen zur Vorbereitung auf den Beruf tätigen Personen zugänglich machen. Die in den Absätzen 1 und 2 Genannten dürfen fremde Geheimnisse gegenüber sonstigen Personen offenbaren, die an ihrer beruflichen oder dienstlichen Tätigkeit mitwirken, soweit dies für die Inanspruchnahme der Tätigkeit der sonstigen mitwirkenden Personen erforderlich ist; das Gleiche gilt für sonstige mitwirkende Personen, wenn diese sich weiterer Personen bedienen, die an der beruflichen oder dienstlichen Tätigkeit der in den Absätzen 1 und 2 Genannten mitwirken.

(4) Mit Freiheitsstrafe bis zu einem Jahr oder mit Geldstrafe wird bestraft, wer unbefugt ein fremdes Geheimnis offenbart, das ihm bei der Ausübung oder bei Gelegenheit seiner Tätigkeit als mitwirkende Person oder als bei den in den Absätzen 1 und 2 genannten Personen tätiger Datenschutzbeauftragter bekannt geworden ist. Ebenso wird bestraft, wer

1.

als in den Absätzen 1 und 2 genannte Person nicht dafür Sorge getragen hat, dass eine sonstige mitwirkende Person, die unbefugt ein fremdes, ihr bei der Ausübung oder bei Gelegenheit ihrer Tätigkeit bekannt gewordenes Geheimnis offenbart, zur Geheimhaltung verpflichtet wurde; dies gilt nicht für sonstige mitwirkende Personen, die selbst eine in den Absätzen 1 oder 2 genannte Person sind,

2.

als im Absatz 3 genannte mitwirkende Person sich einer weiteren mitwirkenden Person, die unbefugt ein fremdes, ihr bei der Ausübung oder bei Gelegenheit ihrer Tätigkeit bekannt gewordenes Geheimnis offenbart, bedient und nicht dafür Sorge getragen hat, dass diese zur Geheimhaltung verpflichtet wurde; dies gilt nicht für sonstige mitwirkende Personen, die selbst eine in den Absätzen 1 oder 2 genannte Person sind, oder

3.

nach dem Tod der nach Satz 1 oder nach den Absätzen 1 oder 2 verpflichteten Person ein fremdes Geheimnis unbe-

fugt offenbart, das er von dem Verstorbenen erfahren oder aus dessen Nachlass erlangt hat.

(5) Die Absätze 1 bis 4 sind auch anzuwenden, wenn der Täter das fremde Geheimnis nach dem Tod des Betroffenen unbefugt offenbart.

(6) Handelt der Täter gegen Entgelt oder in der Absicht, sich oder einen anderen zu bereichern oder einen anderen zu schädigen, so ist die Strafe Freiheitsstrafe bis zu zwei Jahren oder Geldstrafe.

Art. 15 DSGVO - Auskunftsrecht der betroffenen Person

(1) Die betroffene Person hat das Recht, von dem Verantwortlichen eine Bestätigung darüber zu verlangen, ob sie betreffende personenbezogene Daten verarbeitet werden; ist dies der Fall, so hat sie ein Recht auf Auskunft über diese personenbezogenen Daten und auf folgende Informationen:
a) die Verarbeitungszwecke;
b) die Kategorien personenbezogener Daten, die verarbeitet werden;
c) die Empfänger oder Kategorien von Empfängern, gegenüber denen die personenbezogenen Daten offengelegt worden sind oder noch offengelegt werden, insbesondere bei Empfängern in Drittländern oder bei internationalen Organisationen;
d) falls möglich die geplante Dauer, für die die personenbezogenen Daten gespeichert werden, oder, falls dies nicht möglich ist, die Kriterien für die Festlegung dieser Dauer;
e) das Bestehen eines Rechts auf Berichtigung oder Löschung der sie betreffenden personenbezogenen Daten oder auf Einschränkung der Verarbeitung durch den Verantwortlichen oder eines Widerspruchsrechts gegen diese Verarbeitung;
f) das Bestehen eines Beschwerderechts bei einer Aufsichtsbehörde;

g) wenn die personenbezogenen Daten nicht bei der betroffenen Person erhoben werden, alle verfügbaren Informationen über die Herkunft der Daten;
h) das Bestehen einer automatisierten Entscheidungsfindung einschließlich Profiling gemäß Artikel 22 Absätze 1 und 4 und – zumindest in diesen Fällen – aussagekräftige Informationen über die involvierte Logik sowie die Tragweite und die angestrebten Auswirkungen einer derartigen Verarbeitung für die betroffene Person.

(2) Werden personenbezogene Daten an ein Drittland oder an eine internationale Organisation übermittelt, so hat die betroffene Person das Recht, über die geeigneten Garantien gemäß Artikel 46 im Zusammenhang mit der Übermittlung unterrichtet zu werden.

(3) Der Verantwortliche stellt eine Kopie der personenbezogenen Daten, die Gegenstand der Verarbeitung sind, zur Verfügung. Für alle weiteren Kopien, die die betroffene Person beantragt, kann der Verantwortliche ein angemessenes Entgelt auf der Grundlage der Verwaltungskosten verlangen. Stellt die betroffene Person den Antrag elektronisch, so sind die Informationen in einem gängigen elektronischen Format zur Verfügung zu stellen, sofern sie nichts anderes angibt.

(4) Das Recht auf Erhalt einer Kopie gemäß Absatz 3 darf die Rechte und Freiheiten anderer Personen nicht beeinträchtigen.

§ 62 BDSG - Auftragsverarbeitung

(1) Werden personenbezogene Daten im Auftrag eines Verantwortlichen durch andere Personen oder Stellen verarbeitet, hat der Verantwortliche für die Einhaltung der Vorschriften dieses Gesetzes und anderer Vorschriften über den Datenschutz zu sorgen. Die Rechte der betroffenen Personen auf Auskunft, Berichtigung, Löschung, Einschränkung der

Verarbeitung und Schadensersatz sind in diesem Fall gegenüber dem Verantwortlichen geltend zu machen.

(2) Ein Verantwortlicher darf nur solche Auftragsverarbeiter mit der Verarbeitung personenbezogener Daten beauftragen, die mit geeigneten technischen und organisatorischen Maßnahmen sicherstellen, dass die Verarbeitung im Einklang mit den gesetzlichen Anforderungen erfolgt und der Schutz der Rechte der betroffenen Personen gewährleistet wird.

(3) Auftragsverarbeiter dürfen ohne vorherige schriftliche Genehmigung des Verantwortlichen keine weiteren Auftragsverarbeiter hinzuziehen. Hat der Verantwortliche dem Auftragsverarbeiter eine allgemeine Genehmigung zur Hinzuziehung weiterer Auftragsverarbeiter erteilt, hat der Auftragsverarbeiter den Verantwortlichen über jede beabsichtigte Hinzuziehung oder Ersetzung zu informieren. Der Verantwortliche kann in diesem Fall die Hinzuziehung oder Ersetzung untersagen.

(4) Zieht ein Auftragsverarbeiter einen weiteren Auftragsverarbeiter hinzu, so hat er diesem dieselben Verpflichtungen aus seinem Vertrag mit dem Verantwortlichen nach Absatz 5 aufzuerlegen, die auch für ihn gelten, soweit diese Pflichten für den weiteren Auftragsverarbeiter nicht schon aufgrund anderer Vorschriften verbindlich sind. Erfüllt ein weiterer Auftragsverarbeiter diese Verpflichtungen nicht, so haftet der ihn beauftragende Auftragsverarbeiter gegenüber dem Verantwortlichen für die Einhaltung der Pflichten des weiteren Auftragsverarbeiters.

(5) Die Verarbeitung durch einen Auftragsverarbeiter hat auf der Grundlage eines Vertrags oder eines anderen Rechtsinstruments zu erfolgen, der oder das den Auftragsverarbeiter an den Verantwortlichen bindet und der oder das den Gegenstand, die Dauer, die Art und den Zweck der Verarbeitung, die Art der personenbezogenen Daten, die Kategorien

betroffener Personen und die Rechte und Pflichten des Verantwortlichen festlegt. Der Vertrag oder das andere Rechtsinstrument haben insbesondere vorzusehen, dass der Auftragsverarbeiter

1.

nur auf dokumentierte Weisung des Verantwortlichen handelt; ist der Auftragsverarbeiter der Auffassung, dass eine Weisung rechtswidrig ist, hat er den Verantwortlichen unverzüglich zu informieren;

2.

gewährleistet, dass die zur Verarbeitung der personenbezogenen Daten befugten Personen zur Vertraulichkeit verpflichtet werden, soweit sie keiner angemessenen gesetzlichen Verschwiegenheitspflicht unterliegen;

3.

den Verantwortlichen mit geeigneten Mitteln dabei unterstützt, die Einhaltung der Bestimmungen über die Rechte der betroffenen Person zu gewährleisten;

4.

alle personenbezogenen Daten nach Abschluss der Erbringung der Verarbeitungsleistungen nach Wahl des Verantwortlichen zurückgibt oder löscht und bestehende Kopien vernichtet, wenn nicht nach einer Rechtsvorschrift eine Verpflichtung zur Speicherung der Daten besteht;

5.

dem Verantwortlichen alle erforderlichen Informationen, insbesondere die gemäß § 76 erstellten Protokolle, zum Nachweis der Einhaltung seiner Pflichten zur Verfügung stellt;

6.

Überprüfungen, die von dem Verantwortlichen oder einem von diesem beauftragten Prüfer durchgeführt werden, ermöglicht und dazu beiträgt;

7.

die in den Absätzen 3 und 4 aufgeführten Bedingungen für die Inanspruchnahme der Dienste eines weiteren Auftragsverarbeiters einhält;

8.
alle gemäß § 64 erforderlichen Maßnahmen ergreift und
9.
unter Berücksichtigung der Art der Verarbeitung und der ihm zur Verfügung stehenden Informationen den Verantwortlichen bei der Einhaltung der in den §§ 64 bis 67 und § 69 genannten Pflichten unterstützt.

(6) Der Vertrag im Sinne des Absatzes 5 ist schriftlich oder elektronisch abzufassen.

(7) Ein Auftragsverarbeiter, der die Zwecke und Mittel der Verarbeitung unter Verstoß gegen diese Vorschrift bestimmt, gilt in Bezug auf diese Verarbeitung als Verantwortlicher.

§ 67 BDSG - Durchführung einer Datenschutz-Folgenabschätzung

(1) Hat eine Form der Verarbeitung, insbesondere bei Verwendung neuer Technologien, aufgrund der Art, des Umfangs, der Umstände und der Zwecke der Verarbeitung voraussichtlich eine erhebliche Gefahr für die Rechtsgüter betroffener Personen zur Folge, so hat der Verantwortliche vorab eine Abschätzung der Folgen der vorgesehenen Verarbeitungsvorgänge für die betroffenen Personen durchzuführen.

(2) Für die Untersuchung mehrerer ähnlicher Verarbeitungsvorgänge mit ähnlich hohem Gefahrenpotential kann eine gemeinsame Datenschutz-Folgenabschätzung vorgenommen werden.

(3) Der Verantwortliche hat die Datenschutzbeauftragte oder den Datenschutzbeauftragten an der Durchführung der Folgenabschätzung zu beteiligen.

(4) Die Folgenabschätzung hat den Rechten der von der Verarbeitung betroffenen Personen Rechnung zu tragen und zumindest Folgendes zu enthalten:

1.

eine systematische Beschreibung der geplanten Verarbeitungsvorgänge und der Zwecke der Verarbeitung,

2.

eine Bewertung der Notwendigkeit und Verhältnismäßigkeit der Verarbeitungsvorgänge in Bezug auf deren Zweck,

3.

eine Bewertung der Gefahren für die Rechtsgüter der betroffenen Personen und

4.

die Maßnahmen, mit denen bestehenden Gefahren abgeholfen werden soll, einschließlich der Garantien, der Sicherheitsvorkehrungen und der Verfahren, durch die der Schutz personenbezogener Daten sichergestellt und die Einhaltung der gesetzlichen Vorgaben nachgewiesen werden sollen.

(5) Soweit erforderlich, hat der Verantwortliche eine Überprüfung durchzuführen, ob die Verarbeitung den Maßgaben folgt, die sich aus der Folgenabschätzung ergeben haben.

6. Kapitel - Abschließende Worte

Die Autoren hoffen, dass mit dem vorliegenden Werk Ihre Kompetenz in der Praxis noch weiter gestärkt oder vergrößert werden konnte.

Am besten wäre es natürlich gewesen, wenn Sie sich bei der Lektüre gelangweilt hätten und schon alles gewusst bzw. umgesetzt hätten. Nach der Erfahrung der Autoren ist dies allerdings bei den wenigsten Praxen der Fall. Sollte es also in Bezug auf die hier angesprochenen Themenfelder zu Problemen in Ihrem Betrieb noch nicht gekommen sein, bietet es sich an, die hier dargestellten Ratschläge umzusetzen, so dass es erst gar nicht zu Problemen kommt.

Sollte es dann doch einmal ernst werden oder sollten Sie Unterstützung bei der Umsetzung einzelner Hinweise benötigen, können Sie sich jederzeit an die Autoren wenden.

So bietet sich der Kontakt zum rechtsanwaltlichen Autor stets per Telefon an. Hier kann häufig schnell der telefonische Kontakt hergestellt und Fragen geklärt werden. Dabei besteht in der Kanzlei die Regel, dass Sie vor der Entstehung von Kosten darüber selbstverständlich aufgeklärt werden und so kein Hemmnis bestehen sollte, dass Sie sich einfach unverbindlich telefonisch melden. Die entsprechenden Kontaktdaten finden Sie auf

www.RechtsanwaltAlt.de

Kontakt zum Co-Autor finden Sie über

Medisecur.de

Für Rückfragen, Anregungen und Kritik stehen wir selbstverständlich gerne zur Verfügung.

Vielen Dank für Ihr Interesse!

Ebenfalls im Verlag Mainz erschienen

Denys Benjamin Alt

Die Corona-Krise und ihre Folgen für die Heilberufe

80 Seiten, 9,90 EUR
ISBN: 978-3-86317-045-5

Die sich weltweit mit rasantem Tempo ausbreitende COVID-19-Pandemie, die damit einhergehenden Einschränkungen des öffentliche Lebens und die angespannte Lage unseres Gesundheitssystems stellen auch die Heilberufe vor besondere Herausforderungen. Heilmittelerbringer wie Podologen, Logopäden, Physiotherapeuten, Masseure, Heilpraktiker und Ergotherapeuten zählen zu den systemrelevanten Berufsgruppen, und natürlich kommen angesichts der derzeit herrschenden, beispiellosen Umstände rechtliche und auch ganz praktische Fragen auf: Muss ich meine Praxis öffnen? Welche Hygienestandards muss ich einhalten? Und wie kann ich finanzielle Hilfen in Anspruch nehmen?

Rechtsanwalt D. Benjamin Alt, seit vielen Jahren Justiziar des Verbands Physikalischer Therapie (VPT) und juristischer Vertreter zahlreicher Therapeuten, Ärzte und Heilpraktiker im gesamten Bundesgebiet, gibt hier Antworten auf viele drängende Fragen rund um die Corona-Krise und ihre Folgen für die Heilberufe.

Ebenfalls im Verlag Mainz erschienen

Denys Benjamin Alt, Karl-Werner Doepp

Heilpraktiker für Physiotherapie

64 Seiten, 9,90 EUR
ISBN: 978-3-86317-002-8

Diese ›Pflichtlektüre‹ soll kompakt und verständlich Licht ins rechtliche Dickicht rund um das Thema des Heilpraktikers für Physiotherapie bringen. Der Inhalt ist auch für den rechtlichen Laien einfach umzusetzen. Seitdem Physiotherapeuten die Möglichkeit haben, eine Heilpraktikererlaubnis beschränkt auf das Gebiet der Physiotherapie zu erhalten, befasst sich der Autor intensiv mit dem Thema. Da dieses so neu ist, haben sich auch Anwälte damit bisher kaum auseinandergesetzt. Dabei liegen viele Grauzonen auf der Hand und wollen geklärt sowie erklärt werden. Die Physiotherapeuten sollten sich mit dem nötigen Hintergrundwissen befassen, um die neu erworbene Erlaubnis möglichst rechtssicher und gewinnbringend zu nutzen. Schließlich lauern einige Fallstricke, die sich für den ›normalen Physio‹ eben nicht ergeben. Einige der hier angesprochenen Themenfelder sind ebenfalls von großer Bedeutung für Masseure/medizinische Bademeister, Physiotherapeuten und für ›große‹ Heilpraktiker. Dies gilt vor allem für das Werbe- und Wettbewerbsrecht.